Prof. h. c. Manfred Krames

GEIST WESEN

und ihr Einfluss auf unser Leben

Ein revolutionärer Ratgeber bei Angst, Depression und Lebenskrisen

amadeus-verlag.com

Amadeus Verlag GmbH & Co. KG
Birkenweg 4
74579 Fichtenau
Fax: 07962-710263
www.amadeus-verlag.com
Email: amadeus@amadeus-verlag.com

Druck:
CPI – Ebner & Spiegel, Ulm
Satz und Layout:
Jan Udo Holey
Umschlaggestaltung:
Amadeus Holey

ISBN 978-398562-007-4

Ein besonderer Dank an

Manfred Klos

Menschenfreund und Geistheiler

Gewidmet meiner früheren Frau

Kazuko

Möge dieses Werk allen psychologisch Tätigen die Augen öffnen, auf dass sie jene, die Besetzungen, Geister und Fremdwesen wahrnehmen, nicht mehr für paranoid, schizophren oder verrückt erklären.

Inhaltsverzeichnis

Das Wichtigste vorab

Machen wir uns nichts vor – Deutschland ist eine dynamische Industrienation mit einer knallharten Leistungsgesellschaft, in der Wirtschaftswachstum mehr zählt als Würde und Freiheit der Bevölkerung, obwohl beides im Grundgesetz verankert ist. Die Regierung gibt der obrigkeitshörigen Masse vor, wie sie zu denken hat, und das nicht erst seit der DDR. Schon ab der Grundschule wird uns eine bestimmte Denkweise vorgegeben, die auf Logik basiert – und auf dem Nutzen für Industrie und Wirtschaft. Letztendlich sollen die Bürger in der Arbeitswelt Leistung erbringen und Steuern zahlen, damit es dem Staat gut geht. Sensitive, nachdenkliche oder, schlimmer noch, kritische Bürger, die einen siebten Sinn haben und das System mitsamt der Schulmedizin anzweifeln, sind unerwünscht.

Es hat den Anschein, als seien wir seit einigen Jahren verstärkt einer Flut von Angriffen ausgesetzt, die uns das, was wir spüren, auszureden versucht. Man will hörige Bürger züchten, die artig dem Konsum verfallen, materialistischen Werten nachlaufen und möglichst wenig nachdenken. Diese Angriffe zielen sogar auf Berufsstände ab, die der Bevölkerung bislang von großem Nutzen waren.

Fernseh-Dokumentationen der Öffentlich-Rechtlichen, in denen alles Alternative und Unorthodoxe belächelt wird, häufen sich. Da fällt die ARD über Heilpraktiker her und stellt diese Scharlatanen gleich, ein Jahr nachdem Ex-Gesundheitsminister Jens Spahn diese Berufsgruppe ganz abschaffen wollte, doch leider keine Beweise fand für deren angeblich gefährliche Arbeit –

während die halbe Welt uns beneidet um diese wertvollen Therapeuten. Tausende von Schweizern, Österreichern, Luxemburgern und Russen besuchen jährlich deutsche Heilpraktiker, die erfolgreich Therapien anbieten, die es in ihren Ländern nicht gibt oder die wegen deren Gesetzeslage nicht durchgeführt werden können.

Niemand von diesen Hilfesuchenden würde so eine Reise auf sich nehmen, hätte das angestrebte Verfahren oder der Therapeut einen schlechten Ruf. Deutschen Ärzten sind diese Konkurrenten ein Dorn im Auge, und so wehren sie sich auf weniger edle Weise zusammen mit ihren Kammern und Berufsverbänden, oder sie erlernen selbst das eine oder andere Naturheilverfahren, womit sie nachweislich mehr Patienten anziehen als konservative Hardliner.

Die Journalisten der oben genannten Sendung baten den größten deutschen Berufsverband für freie Psychologen, den VFP, dem auch Heilpraktiker angehören, um eine Stellungnahme – einen Tag vor Ausstrahlung(!), was wegen fehlender Vorbereitungszeit nicht möglich war. Prompt hieß es in der Sendung, man habe eine Interviewanfrage abgelehnt bzw. keine Stellungnahme abgegeben. In der Sendung wurde eine „Therapeutin“ mit versteckter Kamera gefilmt, die, so sagte sie, ihr Wissen vom Universum habe und rein energetisch arbeite. Sie wurde als Gefahr für die Menschheit hingestellt, und, als ob alle Heilpraktiker so arbeiteten, wurde anhand dieses „Beispiels“ die gesamte Berufsgruppe diskreditiert. Die Reportage glich einer Hexenjagd, und so etwas ist leider keine Ausnahme.

Spiegel-TV machte sich über die Homöopathie lustig, entsprechend dem Tenor der öffentlich-rechtlichen Anstalten, und kam zu dem Ergebnis, das sei bestenfalls Scharlatanerie. Eine befragte Ärztin meinte, die Erfolge, falls es überhaupt welche gäbe, seien durch Einbildung zu erklären bzw. durch das subjektive Gefühl der Genesenen, jemand habe sich um sie bemüht, was als Placebo-Effekt wohl eine Besserung bewirke.

Als ich einmal auf dem indischen Konsulat in Frankfurt zu tun hatte, fand ich dort einen Prospekt mit einer Statistik des Gesundheitsministeriums von Indien. Ich war davon überzeugt, die Inder wollen mal wieder Werbung für Yoga- und Ayurveda-Reisen machen – immerhin eine große Einnahmequelle ihres Landes. Doch nein, ich erfuhr, dass laut einer Statistik des Ministeriums die Homöopathie die in Indien meist verbreitete und meist angewandte Alternativmedizin sei, noch vor Ayurveda! Nun kann die deutsche Regierung zwar ihr eigenes Volk als Dummköpfe hinstellen, aber dann wären die Inder ja genau so dumm, wenn sie einer Heilmethode vertrauen, die laut Spahn, Lauterbach & Co. keine Wirkung hat. Und was ist mit den unzähligen Müttern hierzulande, die ihren Kindern mit Globuli zu Gesundheit verhelfen, auf deren Wirkung sie schwören? Sind die auch alle irre?

Der deutsche Philosoph und Menschenfreund Rudolf Steiner wird in der ganzen Welt hoch angesehen. Das kann ich dank meiner vielen Auslandsaufenthalte bezeugen. Überall gibt es Anhänger und Verbände, die seine Anthroposophie verbreiten. Steiners Bücher erscheinen in verschiedenen Sprachen rund um den Globus. Die auf seinen Erkenntnissen beruhenden Waldorfschulen genießen selbst in Japan und in der Schweiz hohes Ansehen. Doch ausgerechnet in Deutschland muss er schlecht gemacht werden, wie ich der Sendung *ZDF Zoom* kürzlich entnahm.

Dort wurde alles, was mit Anthroposophie zusammenhängt, regelrecht in den Schmutz gezogen. Selbst über die *dm-Kette* (Drogerie-Markt), *Weleda*-Produkte und ökologische Landwirtschaft à la *Demeter* hat man sich lustig gemacht. Warum? Weil deren Vertreter an energetische Prinzipien und Kräfte glauben, die wissenschaftlich nicht nachweisbar seien. Fazit: Alles, was sich die moderne Wissenschaft nicht erklären kann, sei a) Unfug b) wirkungslos c) gefährlich d) Geldmacherei und gehöre eigentlich verboten. Letzteres ist für die Regierung jedoch mit hohem Aufwand verbunden, während eine Schlammschlacht über die Medien einfacher, effektiver und günstiger ist.

Aber ist das wirklich so? Ist denn all das um uns herum, was mit dem bloßen Auge nicht erkennbar, nicht nachweisbar, nicht logisch erklärbar ist, deswegen Einbildung? Darf all das gar nicht existieren, nur weil die Wissenschaft mit der feinstofflichen Welt nicht klar kommt, keine Erklärung findet? Diese Beweishörigkeit ist meines Erachtens das Absurdeste, was sich Menschen je ausgedacht haben. Und helfen tut das keinem, außer denen, die unbedingt etwas wissenschaftlich beweisen und damit andere überzeugen wollen, um leichter an deren Geld zu kommen.

Wer im Winter nackt im Freien schläft, erkältet sich. Muss man dafür erst Hunderte ohne Kleidung in den Wald schicken zwecks Studien, die dann beweisen, dass es der bekleideten Vergleichsgruppe besser ging? Genau das aber ist der Stand der

Dinge in Deutschland, wo Forscher und Lobbyisten diese Denkweise von den Vereinigten Staaten übernommen haben. Denn typisch deutsch ist das nicht. Typisch deutsche Aussagen sind die von Beethoven, Mozart, Bach, Schiller und Goethe, die sich ihre grandiosen Werke so erklären, dass sie sich haben inspirieren lassen – das bedeutet, der wahre Schöpfer wäre ihr geistiger Führer gewesen, was, nebenbei bemerkt, mit Religion nichts zu tun hat. Da aber geistige Führung nicht mit Logik erklärbar, nicht nachweisbar ist, müssen diese Größen, die in der ganzen Welt bewundert werden, wohl allesamt verblödete Esoteriker oder Querdenker gewesen sein. Eben als solche würde man sie hinstellen und auslachen, garantiert, stünden sie der Industrie oder der modernen Forschung im Wege.

Aber selbst ohne Interessenkonflikt würden die Genies unserer und vergangener Zeit als Spinner hingestellt, sofern ihre Entdeckungen oder Werke auf ihrem Gespür, auf ihrer inneren Stimme beruhen. Denn alles Geistige und Gefühlte hat in Deutschland keinen Wert mehr. Man geniert sich sogar, offen von gebrochenem Herzen zu sprechen und wählt stattdessen den amerikanischen Begriff *broken heart syndrome*, was aus dem Munde von Psychologen fast schon wissenschaftlich klingt.

Das Wort „Seele“ würden wir niemals in einer ärztlichen Praxis vernehmen, obwohl doch eigentlich Psychologie im Griechischen „die Lehre von der Seele“ bedeutet. Aber die moderne Psychologie sucht die Ursachen weniger im geistig-seelischen, dafür umso mehr im neurologischen und biochemischen Bereich, weil sich so leichter Psychopharmaka entwickeln und vermarkten lassen. Und wehe, man kommt in unserer gefühlskalten Gesellschaft auf die Liebe zu sprechen. Man wird angesehen, als käme man vom Mond oder hätte psychische Störungen. Es ist schlimm genug, dass „Liebe" bald zum Synonym wird für Sex und Spaß zu zweit, was wiederum den Hormonen zugeschrieben wird, nicht dem Herzen oder der Seele.

Dass sich die Deutschen mit Herzensangelegenheiten schwer tun in einer lieblosen, digitalisierten Ellbogengesellschaft, ist zwar nachvollziehbar, aber muss man deswegen alles in den Dreck ziehen oder in die Schublade „Esoterik" stecken, was mit unsichtbaren Kräften zu tun hat oder mit energetischen Aspekten? In England, auf Island und in Thailand ist es nicht unüblich, Depressionen oder seelischen Stress durch die Anwesenheit von Fremdwesen bzw. durch erdgebundene Geister zu erklären, wenn sonst keine Ursache in Frage kommt. Hierfür gibt es Spezialisten. Auch in der Schweiz und in Österreich geht man offener mit diesen Themen um. Keinesfalls würde man diesen Ansatz ins Lächerliche ziehen.

Anders in Deutschland, wo ein Psychologe, der Fremdeinwirkungen aus der geistigen Welt durchaus für möglich hält oder solche Patienten an einen Geistheiler verweist, mit Repressalien seitens seiner Kammer rechnen muss oder als armer Irrer hingestellt wird, der bald seine Zulassung verliert. Und so habe ich in ein Bienennest gestochen, als ich einen Artikel namens »Der unsichtbare Störenfried« in einem seriösen Magazin für psychologische Therapeuten abdrucken ließ. Statt als Esoteriker ausgelacht zu werden, erhielt ich mehr positive Zuschriften als bei jedem anderen Beitrag. Selbst Psychologen und Ärzte waren darunter, die mich in meiner Erkenntnis bestätigten, dass

Fremdwesen durchaus als Ursache für Depressionen in Erwägung zu ziehen sind. (Eine Auswahl ließ ich im Anhang abdrucken.)

Zahlreiche Zuschriften erhielt ich auch von Betroffenen, die jahrelang kraftlos und freudlos vor sich hinvegetierten, bis ein Geistheiler sie von dem Störenfried befreite, der ihnen im Nacken saß und Energie abzog. Danach habe sich ihr Leben schlagartig zum Positiven gewendet. Alles Einbildung? Alles Hokuspokus? Esoterischer Unfug? Dann aber muss man sich fragen, warum es auf Island eine *Beauftragte für Geistwesen* gibt, die aktiv wird, wenn der Bau einer neuen Straße geplant ist. Man befährt die Strecke zusammen mit hellfühligen Menschen, um nach Elfen, Gnomen oder Kobolden Ausschau zu halten – und ob diese Einwände gegen den Bau haben. Gegebenenfalls bittet man sie um Zustimmung.

Das wäre in Deutschland undenkbar. Nicht, weil es hier keine Geistwesen gäbe, sondern weil die ursprüngliche Feinfühligkeit und Wahrnehmung der Menschen ausradiert wurde bzw. Platz machen musste für ein rein rationales, akademisches Denken, das der Industrie und der Wirtschaft dient. Dabei ist Island nicht mal eine Ausnahme. In Thailand, dem fortschrittlichsten Land in Südostasien, hatte man nach dem Bau des neuen Bangkoker Flughafens buddhistische Mönche gebeten, das Gelände zu entstören bzw. von Geistern zu reinigen. Das Foto der Zeremonie ging durch die Presse und wurde von keinem belächelt – im Gegenteil. Technische Störungen, die sich gehäuft hatten, blieben nach der Reinigung aus. Alles nur Einbildung?

Selbstverständlich kann ich auch die Seite der Skeptiker verstehen, oder die der Politiker, die ahnungslose Bürger vor Betrügern und Scharlatanen schützen wollen. In der Tat gibt es unter den Esoterikern auch solche mit fanatischen Zügen, die völlig abgehoben ständig von „Energie“, „Universum“ oder „Wiedergeburt“ reden, ohne dass sie selbst entsprechende Erfahrungen haben. Mit Tarot-Karten deuten sie anderen ihre Zukunft, mit Engelskarten wollen sie den perfekten Partner für uns finden und mit Handauflegen jede Krankheit heilen, womit ich keinesfalls behaupte, man könne durch *Reiki* oder dergleichen keine Heilung bewirken. Schließlich enthält das Wort Be***hand***lung ja die Hand als Kern. Aber der normale Mensch kann aus der Fülle an Angeboten oft nicht mehr unterscheiden, wer authentisch und ehrlich, und wer ein Betrüger oder Spinner ist.

Und da Scharlatane eher von sich reden machen als die wahren Genies, kommen alternative Angebote insgesamt in den Topf „unwissenschaftlich“ und „Esoterik“ im negativen Sinn. Der Staat weiß sich nicht anders zu helfen. Schwarze Schafe gibt es jedoch überall, selbst unter Ärzten. Die Zahl an „Kunstfehlern“ bei chirurgischen Eingriffen ist erschreckend hoch. Da vergessen Ärzte bei OPs schon mal das Besteck oder ein Stück Watte in der Wunde, da werden Operationen mit fatalen Folgen durchgeführt. Da werden gravierende Nebenwirkungen von Medikamenten oder Impfungen totgeschwiegen, da werden Mittel gespritzt, die mehr Schaden anrichten als sie Gutes bewirken – alles im Namen der unfehlbaren Wissenschaft. Man denke beispielsweise an Amalgan oder Contergan.

Es ist somit falsch, mit dem Finger auf Heilpraktiker zu zeigen, nur weil diese sich energetische Naturgesetze zunutze machen oder im feinstofflichen, geistigen Bereich arbeiten (Bioresonanz etc.), mit dem die normale Medizin nichts anfangen kann, und dann bei ausbleibender Genesung diese Gruppe zu verteufeln. Nehmen wir die Akupunktur, die ich in Japan erlernte und deren wunderbare Heilwirkung ich an mehreren Patienten miterleben durfte. Wird sie von weniger Erfahrenen angewandt, besonders im Westen, hat sie nur minimale oder gar keine Wirkung. Das heißt jedoch nicht, die Akupunktur an sich wäre wirkungslos. Im Gegenteil, eine Therapie, die 5.000 Jahre überdauert hat, muss wohl funktionieren. Wer würde ihr sonst noch vertrauen?

Viele Patienten aus aller Welt berichten von nachhaltiger Genesung dank Akupunktur, die auch in Deutschland kein Arzt mehr anzweifelt. Dabei beruht diese Kunst auf der Stimulation unsichtbarer Meridiane bzw. deren Punkte auf dem Körper. Die TCM (Traditionelle Chinesische Medizin) selbst basiert auf der Lehre der 5 Elemente: Kräfte, die im Körper wie in der Natur wirken. Und obwohl diese Kräfte nicht sichtbar, nicht messbar, nicht erklärbar sind, lassen sich in Deutschland prozentual dreimal mehr Ärzte darin ausbilden als in China. Viele Krankenkassen in Europa bezuschussen diese uralte Methodik. Eigenartigerweise gibt es hier keine Angriffe seitens der Medien oder der Regierung. Ich denke, dass die Zahl der Genesenen und Befürworter im In- und Ausland so hoch ist, dass man sie deswegen akzeptiert.

Bravo! Das bedeutet, dass Erfahrungen eben doch einen Wert haben. Und es bedeutet, eine Gegenbewegung zur sturen Schulmedizin kann, wenn sie nur groß genug ist, durchaus zu Überzeugung und Akzeptanz führen. Und genau das will ich

Ihnen in diesem Buch präsentieren: Wenn zum Beispiel hundert Depressive dank einer bestimmten Methode ihre Depression loswerden, dann zählt diese Erfahrung und hat Gültigkeit. Sonst würde niemand, auch ich nicht, diese für wahr halten, weiß ich doch aus eigener Erfahrung, dass die Welt voll von Betrügern ist. Nein, ich bin alles andere als leichtgläubig oder abergläubisch, sondern skeptisch dem gegenüber, was mit „Energie", Geistheilung und Alternativmedizin zu tun hat. Ich glaube nichts. Gar nichts. Nicht mal das, was der Pfarrer in der Kirche predigt. Auch nicht das, was Millionen glauben oder was von Berühmtheiten verbreitet wird, oder was durch die Wissenschaft bestätigt wurde. Nein. Ich glaube nur das, was ich selbst erfahren habe. Und von diesen Erfahrungen und Erlebnissen will ich berichten.

Mit diesem Buch möchte ich Ihnen den Rest Zweifel nehmen, der Sie eventuell daran hindert, unsichtbare Kräfte und Faktoren als krank machende Einflüsse anzunehmen, auch wenn diese von der Wissenschaft (noch) nicht bestätigt wurden. Am Ende dürfen Sie selbst entscheiden, ob ich verrückt bin oder bei klarem Verstand. Sollten Sie aber zu denselben Erkenntnissen gelangen, wird dies Ihr Leben radikal verändern – und zwar zum Positiven. Dies wäre mein größter Wunsch, und dafür möchte ich hier die nötigen Impulse setzen.

Manfred Krames

Einleitung

Gehören Sie zu den Menschen, die eine große Antenne haben? Nicht die auf dem Dach montierte Satellitenschüssel, sondern die geistige Antenne, mit der Sie Dinge wahrnehmen, die anderen verborgen bleiben. Man könnte es auch „Gespür" nennen oder siebten Sinn, höheres Bewusstsein, Durchblick, Ahnung, Bauchgefühl, Instinkt, innere Stimme, hohe Sensitivität und dergleichen. Meistens sind Frauen eher damit ausgestattet, doch es gibt mittlerweile auch zahlreiche Männer, die dank hoher weiblicher Anteile mehr sehen und mehr spüren als die Bier trinkende Sorte, die abends mit den Augen an der Sportschau klebt und außer Fußball und schnellen Autos kein Gesprächsthema findet.

Laut Veröffentlichungen im Internet hat die Sorte feinfühliger, hoch sensitiver Menschen in den letzten 20 Jahren explosionsartig zugenommen. Und es gibt zahlreiche Selbsthilfegruppen und Vereine, um diese dünnhäutigen Zeitgenossen zu unterstützen, da sie oftmals an ADHS, innerer Unruhe, Schlaflosigkeit, Ängsten und Nervosität leiden, nebst Unfähigkeit zur Konzentration, obwohl ihre Fähigkeit doch eigentlich ein Segen und kein Fluch sein sollte. Aber wir leben nun mal in einer Leistungsgesellschaft, in der die Wissenschaft, die Industrie und die Wirtschaft das Sagen haben, allen voran die Deutschen mit ihrem inneren Drang nach besser, schneller, erfolgreicher und schlauer. Und darum verstecken sich die Sensitiven unter uns lieber, obgleich sie mehr sehen als der Rest.

Das Paradoxe ist, dass auch die Muster-Deutschen, die sich zur Gattung „römisch-katholisch“ (26% der Bevölkerung) oder „protestantisch“ (25%) zählen und in der Schule die Bibel lesen mussten, mit unsichtbaren Kräften nichts anfangen können, obwohl doch gerade die Bibel voll ist von Texten zu den Themen *Wiedergeburt*, *Karma*, *Universen* (Plural), *Besetzungen* (erdgebundene Seelen), *böse Mächte* und *Engel* – Dinge, die man mit dem bloßen Auge nicht sehen kann. Sind dann alle Christen Esoteriker?

„Das gehört ja auch in die Schublade ‚Religion' und in die Kirche!“, höre ich jetzt die Wissenschaftler posaunen, womit von vornherein alles, was nicht sichtbar, messbar und beweisbar ist, automatisch abgewimmelt und als Glaube oder Aberglaube abgetan wird. Außerdem kann man damit kein Geld verdienen, ist also total unbrauchbar für ein Land wie Deutschland, das nach Wirtschaftswachstum, Exporten und technischem Vorsprung strebt. Im gesamten Osten anerkennt man seit Jahrtausenden Phänomene und Erscheinungen, die nicht sichtbar, erklärbar oder messbar sind.

Nehmen wir zum Beispiel die Kraft *Chi*, die durch bestimmte Übungen gemäß Tai-Chi, Chi-Gong und Kung-Fu entwickelt werden kann. Was mit dieser Energieform auch ohne Muskelkraft möglich ist, beweisen chinesische Experten auf diesem Gebiet durch ihre außergewöhnlichen Fähigkeiten, die im Westen kaum einer anzweifelt.

Oder Ayurveda, die älteste Gesundheitslehre der Welt, die im Bereich Psychosomatik einen guten Ruf genießt und Krankheiten zu heilen imstande ist, welche laut Schulmedizin kaum heilbar sind. Diagnose und Therapie dieser Medizin aus Indien beruhen auf dem Erkennen unsichtbarer Kräfte, dort *Dosha* genannt bzw. auf dem Prinzip der 5 Elemente, ähnlich denen der TCM. Die 5 Elemente jedoch sind unsichtbar, unmessbar, unbeweisbar ... und darum nicht existent? Warum dann die hohe Erfolgsquote sogenannter traditioneller Ärzte nicht nur in Asien, sondern auch bei uns in Europa?

Wenn Wissenschaftler alles verneinen, was nicht beweisbar oder messbar ist, müssen sie auch die Liebe in Frage stellen. Doch was wäre das Leben ohne Liebe? Es würde mich nicht wundern, wenn die Deutschen bald die Liebe abschafften, die ohnehin zum Synonym für körperliche Zuwendung und Sex geworden ist. Wie vermessen, wie überheblich kann ein Land sein, das kurz davor ist, alles Geistige und Spirituelle zu leugnen, und jene auslacht, die eine Wahrnehmung dafür haben. Denn das, was Sie mit ihrem geistigen Auge oder mit Ihrer inneren Antenne erkennen und wahrnehmen, hat absolute Gültigkeit! Lassen Sie sich das von niemandem ausreden!

Jeder Mensch kann und darf in seinem Leben echte Liebe erfahren, auch wenn sie wissenschaftlich nicht belegbar ist. Jeder kann die Heilwirkung von Akupunktur, Ayurveda und Homöopathie an sich selbst erleben und bestätigen. Erfahrungen haben Gültigkeit!

Stress ist ebenso unsichtbar. Ja, er ist noch nicht einmal messbar. Zwar gibt es EEG und EKG sowie Pulsmessungen, doch Stress an sich ist nicht messbar. Und doch weiß jeder Arzt rund um den Globus, dass er eine lange Liste von Krankheiten auslösen kann. Wer also denkt, Geistwesen, z.B. erdgebundene

Verstorbene – das Kernthema dieses Buches – kann es nicht geben, nur weil sie nicht sichtbar sind, irrt gewaltig.

Einzigartig ist auch das Wort „Geschlecht“, wie es in Geschlechtsverkehr vorkommt. Es hat „schlecht“ als Kern, so als habe alles Schöne, das sich unter der Gürtellinie abspielt, etwas Böses an sich. Wahrscheinlich ist alles, was mit Gefühlen oder mit Gespür zu tun hat, unlogisch, unwissenschaftlich, unbrauchbar und gehört verboten. Was nur ist falsch gelaufen mit den Deutschen? Wieso lassen wir uns von Akademikern einreden, Wissen habe nur dann einen Wert, wenn es sich zu Geld machen lässt und beweisbar ist bzw. auf Logik beruht?

In diesem Buch sage ich der westlich-modernen Wissenschaft den Kampf an und bestärke alle Feinfühligen in ihrer Wahrnehmung. Ja, es gibt unsichtbare Kräfte um uns, sowohl heilende (positive) als auch unglücklich machende (negative). Millionen haben ein Gespür dafür. Hunde und Katzen übrigens auch.

Ich möchte Sie nun anhand wahrer Begebenheiten im spirituellen Bereich nach Japan, Thailand, Deutschland und Sri Lanka mitnehmen. Dreißig Jahre lang bin ich geführt worden, um Ihnen die Essenz meiner Reisen und Erkenntnisse präsentieren zu dürfen. Und nein, ich bin kein Esoteriker. So unglaublich die nachfolgenden Erlebnisse auch erscheinen, ich garantiere Ihnen mit meinem Namen, dass jedes einzelne wahr ist. Nichts ist dazuerfunden. Im Anschluss werde ich meine Erkenntnisse auf den Punkt bringen und einige Ratschläge erteilen. Doch zunächst lade ich Sie auf einen Besuch in Japan ein, wo ich fünfzehn Jahre meines Lebens verbracht habe.

1 Meine Frau spricht mit Geistern

Das Leben kann ungeahnte Wendungen nehmen. Als ich im Alter von siebzehn ein Buch über Zen-Buddhismus las, ahnte ich noch nicht, dass ich wenige Jahre später Deutschland verlassen und durch die Pforten eines Zen-Klosters schreiten würde, nördlich von Kyoto. Der Abt, ein gewisser Harada Tangen Roshi, war einst Kamikaze-Pilot und stand als junger Mann kurz vor seinem Einsatz – da wurde der Krieg für beendet erklärt. Hätte der Krieg einen Tag später geendet, er wäre weder Mönch geworden, noch hätten sich unsere Wege gekreuzt, denn alle Kamikaze-Flieger mussten ihr Leben opfern.

Über ein Jahr lang blieb ich in seinem Tempel, ging dann zu einem anderen Zen-Meister und verbrachte insgesamt fast drei Jahre in strenger Disziplin und mit harter Arbeit, bevor ich ins Berufsleben zurückkehrte und bei einer deutschen Firma in Tokio eine Anstellung fand. Dort war ich Sachbearbeiter für Export und Import und freundete mich mit der japanischen Chefsekretärin an, die ich zwei Jahre später heiratete. Wir gründeten unsere eigene Firma in Yokohama und führten eine harmonische Ehe…

Eines Nachts hörte ich meine Frau sprechen. Als ich nach ihr sah, saß sie hellwach auf ihrem Futon und unterhielt sich mit einem Mann, den ich nicht wahrnehmen konnte. Er hatte sich in jungen Jahren das Leben genommen, wie er ihr telepathisch erklärte. Zum Glück wusste ich dank meiner Zeit in japanischen Zen-Klöstern um die Existenz von Geistwesen, aber das hier war zu viel. Die Gespräche wiederholten sich Nacht für Nacht, und es kamen ständig neue Geister hinzu. Je hellhöriger sie wurde, desto mehr Geistwesen kamen zu Besuch. Manchmal „erwischte“ ich sie beim Dialog mit ihnen, wenn sie den Abwasch machte oder Fahrrad fuhr, was mehrere Male zu Beinahe-Unfällen führte.

Ich legte ein buddhistisches Mantra-Buch neben ihren Futon, das mir ein Mönch gegeben hatte. Auf Japanisch heißen solche Bücher *O-Kyo*, und sie sollen bei Besetzungen durch Geister helfen. Zwei Kopien der wichtigsten Seiten hängte ich ihr klein gefaltet zusätzlich um den Hals, was tatsächlich half, aber nur etwas. Sie verwandelte sich in einen anderen Menschen und wurde nie wieder dieselbe. Ein halbes Jahr später lösten wir unsere Ehe auf, blieben aber als Freunde in Kontakt. Mit dem Wissen von heute hätte ich ihr helfen können, doch damals war ich jung und unerfahren.

Meine japanischen Schwiegereltern, mit denen ich weiterhin in Kontakt blieb, wollten von erdgebundenen Seelen und Geistwesen nichts hören, und das, obwohl mein Ex-Schwiegervater als junger Mann einige Jahre in buddhistischen Klöstern verbracht hatte, allerdings aus einer Not heraus, weil die Familie nach dem Krieg nichts zu essen hatte. Die Mutter erzählte mir später, es gab tatsächlich einen Schulkameraden ihrer Tochter, also meiner Ex-Frau, der sich das Leben genommen hatte. Der Ort des Selbstmordes war genau der, den der Selbstmörder als Geistwesen meiner Frau beschrieben hatte. Trotz dieses „Beweises“ schickte man sie zum Psychiater, der Schizophrenie diagnostizierte und sie mit Psychopharmaka vollstopfte.

Was mich am meisten wunderte, war die Tatsache, dass so wenige Japaner Verständnis für Dinge hatten, die noch vor achtzig Jahren zum Volkswissen zählten. Damals hätte man Besetzte zu einem Mönch gebracht, doch die modernen Mönche haben die notwendige Methodik verlernt, halten nur noch ab und zu ein paar routinierte Zeremonien ab und wollen ein bequemes Leben führen. Dabei gibt es zahlreiche Bräuche in Japan, die auf dem Wissen um Geistwesen beruhen. Noch heute streuen ältere Laden- und Restaurantbesitzer gemäß einem alten Brauch Salz vor ihre Eingangstür, was böse Geister fernhalten soll. Doch Vorsicht! Diesen Brauch als dummen Aberglauben abzutun, wäre ungerecht. Denn in allen Kulturen der Erde gibt es Methoden, um negative Kräfte und boshafte Wesen fernzuhalten, tote wie lebende. Das an sich ist zwar kein Beweis, doch Bräuche basieren auf uralten Erfahrungen, nicht auf Aberglauben.

O-Bon ist neben Neujahr der wichtigste Feiertag in Japan, vergleichbar mit Allerseelen. Die Toten kommen dann für einige Tage auf die Erde zurück, um die Hinterbliebenen bzw. Verwandten zu besuchen. Halb Japan sitzt dann in Zügen, Autos, Flugzeugen und Bussen, um weit entfernte Gräber und Verwandte zu besuchen. Eine Japanerin, die ich dazu befragte, meinte, das sei doch alles nur Aberglaube. Eigentlich sehr traurig, aber wenn ich daran danke, dass der Geist der Weihnacht in Deutschland längst einem Konsumfest gewichen ist, kann ich nicht mehr mit dem Finger auf die Japaner zeigen.

Dies verdeutlicht, wie beide Völker, ursprünglich hoch geistig und esoterisch (Goethe, Schiller, Steiner, Paracelsus u.a.), im Zuge der Industrialisierung umprogrammiert wurden.

Paradoxerweise haben Deutsche ein völlig anderes Bild von den Japanern. Alle meinen, das Inselvolk sei spirituell. Schließlich käme doch auch Aikido (die Entwicklung von *Ki* bzw. *Chi* im Chinesischen) aus Japan, oder *Reiki*, Heilung durch energetische Reinigung. Wer einem Japaner aber begeistert von der Heilwirkung von *Reiki* erzählt, riskiert, dass der sich umdreht und weggeht. Dass die von einem Japaner entwickelte Heilmethodik in Europa ein Boom wurde, kann sich keiner von ihnen vorstellen.

Die Homöopathie wurde in Japan ausgelacht, noch bevor sie sich etablieren konnte. Alternativmedizin wird seit vierzig Jahren unterdrückt und diskriminiert. Anders als in Deutschland findet man in Drogerien und Apotheken keinen Artikel mit natürlichen Wirkstoffen mehr. Selbst Tiger-Balsam und Kräutertees verschwanden vor wenigen Jahren aus allen Regalen. Ich führe diese Dinge nur an, um zu zeigen, wie schnell ein Volk sein geistiges Erbe verlieren kann, wenn es von Amerika und Profitdenken beeinflusst wird, und dass dies den Deutschen ebenso passieren kann.

Hier eine wahre Begebenheit: Einst verschickte ich ein homöopathisches Mittel per Eilpost von Deutschland an eine Bekannte in Japan, deren krebskranke Mutter vor Schmerzen nicht schlafen konnte. Der Krebs war noch im Anfangsstadium, und meine Ärztin in Köln, eine hoch angesehene Expertin der Homöopathie, spürte, was der Japanerin fehlte. Und siehe da, das Präparat wirkte. Bereits in der dritten Nacht ließen die Schmerzen nach. Die Mutter konnte nach einer Woche ohne Unterbrechung durchschlafen und gewann an Kraft, Freude und Elan. Vor lauter Begeisterung erzählte sie ihrem Arzt davon. Der schimpfte und sagte, Homöopathie beruhe auf Einbildung und sei gefährlich. Die Mutter setzte das Mittel ab, erlebte einen rapiden Rückfall, ihr Immunsystem kollabierte, und sie verstarb noch im selben Jahr. Als ihre Tochter, also meine Bekannte, mir das erzählte, hätte ich den Arzt erwürgen können. Aber es gehören zwei dazu: der Manipulator und der, der es mit sich machen lässt.

Abb. 1: Der Autor in jungen Jahren mit japanischen und indischen Ärzten, Yokohama 1993

2 Gibt es den siebten Sinn?

Ich hatte mich stets gewundert, warum meine japanische Frau wusste, was ich gerade dachte. Es war unheimlich. Wie ich energetisch und stimmungsmäßig drauf war, spürte sie, ohne mich anzusehen. Das ist für Japaner normal. Sie verstehen nicht, warum Verliebte oder Ehepaare in amerikanischen Filmen dauernd „*I love you*" sagen. Natürlich kann man das auch auf Japanisch sagen, kommt aber selten vor. Wer nicht spürt, wann und wie er vom anderen geliebt wird, suche sich besser einen anderen Partner. Reden ist Silber, Schweigen ist Gold. Wenn Spüren aber wichtiger ist als Worte, braucht man ein gutes Gespür, damit die Verständigung funktioniert, und das haben Asiaten allgemein.

Doch Stillschweigen statt des verbalen Ausdrückens von Nöten und Problemen hat einen großen Nachteil: Japaner fressen ihre Sorgen in sich hinein und leiden mehr als jedes andere Volk. Psychologen gibt es in Japans Großstädten deshalb so wenige, weil Patienten wegen der Erziehung zum Schweigen den Mund nicht aufmachen. Außerdem kostet der Gang zu einem Psychologen viel Überwindung, aus Angst, ein Bekannter oder Nachbar könnte einen sehen. Und so besteht „psychologische Hilfe" zu 95% aus einem fünfminütigen Gespräch und einem Rezept für eine „Medizin" gegen Depressionen, Schlaflosigkeit oder Ängste.

In der Tokioter Exportfirma, für die ich zwei Jahre lang tätig war, bevor ich meine Berufung fand, gab es einen Deutschen namens Gerd. Der kam ursprünglich nach Japan wegen *Shorinji-*

Kempo, einer alten Kampfkunst. Gerd hatte den zweiten Dan, womit er als fortgeschritten galt. Eines Abends beim Bier erzählte er von einer Trainingsstunde, bei der ihm die Augen verbunden wurden. Die Herausforderung bestand darin, sich rein auf sein Gespür, seinen Instinkt zu verlassen. Einige Angriffe konnte er abwehren und kam mit blauen Flecken davon, doch dann verband sich ein wahrer Meister die Augen und forderte Gerd zum Angriff auf. Die Reaktionsfähigkeit des Meisters sei unglaublich gewesen. Als habe er einen eingebauten Radar, konterte er alle Angriffe. Gerd bat darum, ihm eine zweite Augenbinde anzulegen, um sicherzugehen, dass er wirklich nichts sieht. Nach drei Minuten war Gerd so fertig, dass er sich tief vor dem Meister verbeugte und um Entschuldigung für seine Zweifel bat. Er werde nie vergessen, was er dort erlebt hat. Da ich in Japan mehrere Jahre lang Karate praktiziert habe, habe auch ich in Bezug auf Sinneswahrnehmung so einiges erlebt. Wahre Könner dieser Kampfkunst spüren einen Angriff, noch bevor er stattfindet.

Die wahren Meister der Schwertkunst vor 300 Jahren hatten scheinbar Augen hinten am Kopf, da sie in Sekundenbruchteilen die Angriffe mehrerer Feinde parieren mussten. Das gelingt nur, wenn man einen siebten Sinn hat, und darin scheinen Japaner wirklich unübertroffen zu sein. In Tokio gibt es eine Straßenkreuzung, die sehr oft in ausländischen Dokumentationen erscheint, weil sie so ungewöhnlich ist. Fünf Fußgängerampeln schalten gleichzeitig auf Grün. Sofort strömen Hunderte wie ein Haufen Ameisen auf die Straßenmitte zu, dann jeder in seine Richtung, ohne mit anderen zusammenzustoßen, als ob sie einen eingebauten Radar hätten, Fledermäusen gleich.

Wenn Japaner heute noch eine so gut funktionierende Antenne haben und alles spüren, was um sie herum geschieht, wie gut muss diese Veranlagung dann erst vor 200 Jahren gewesen sein, als es weder Elektrosmog noch Umweltverschmutzung, noch Internet oder TV gab? Ich kann mir durchaus vorstellen, dass dieses Inselvolk Kraftorte in der Natur sowie göttliche Erscheinungen und Geistwesen „sehen" konnte. An diesen Orten errichteten sie Schreine, von denen über 80.000 erhalten geblieben sind. Forscher fanden jüngst heraus, dass Kinder, die in der Nähe solcher Schreine aufwachsen, weniger aggressiv sind, weniger streiten und glücklicher sind. Die Eine-Million-Dollar-Frage lautet hier: Kann man unsichtbare Kräfte wahrnehmen, wenn man einen siebten Sinn hat bzw. mit einer Superantenne ausgestattet ist?

Oder umgekehrt: Haben wir die Wahrnehmung solcher Kräfte verlernt, weil uns der siebte Sinn abhanden gekommen ist? Dann aber dürfen wir nicht sagen, die Menschen früher seien abergläubisch gewesen, sondern wir müssen sagen, die Menschen früher hatten eine andere Wahrnehmung, eine Art „geistiges Auge", mit dem sie Erscheinungen und Phänomene aus der geistigen Welt wahrnehmen konnten. Apropos: Fast alle Heilquellen in Deutschland, die heute berühmte Thermalbäder sind, wurden von Druiden der Römerzeit entdeckt. Die Quellen liegen mehrere hundert Meter tief, und technische Geräte gab es vor 2.000 Jahren nicht. Pyramiden und Jahrtausende alte Tempelanlagen werfen noch heute Fragen auf, auf die unsere Wissenschaft keine Antwort weiß. Muss es denn immer logisch zugehen?

Japan ist ein Industrieland geworden wie Deutschland, während es noch vor 150 Jahren mit Landwirtschaft und Fischfang auskam. Industrialisierung und Modernisierung tragen also entscheidend dazu bei, dass Menschen ihr Gespür verlieren. Dass man jedoch all jene belächelt, die noch Zugang zur geistigen Welt haben – das ist nicht in Ordnung, sondern zeugt von Ignoranz.

Abb. 2: Der Autor im Gespräch mit einem Thai-Mönch, der vorgeburtliche Verstrickungen wahrnimmt und entsprechend berät. Manche reisen über 200 km an, um ihn zu sprechen, so gut sind seine Ratschläge.

3 Ein unglaublicher Dokumentarfilm

Vor zirka dreißig Jahren sah ich im japanischen Staatsfernsehen, vergleichbar mit ARD oder ORF, eine Dokumentation, die mich fesselte. In allen Einzelheiten wurde auf seriöse, journalistische Weise von einer Familie berichtet, die ihre gesamten Ersparnisse in das Bestellen von Feldern investiert hatte. Der beste Samen, die besten Dünger wurden genommen, regelmäßig gewässert usw., doch selbst nach zwei Jahren sprossen weder Gurken noch Tomaten noch Kürbisse. Hier und da mal eine Mini-Wassermelone, die eher kränklich aussah, und vereinzelt etwas Schnittlauch. Die Familie war dem Ruin nahe.

Da hörte ein buddhistischer Mönch von der Missernte und bot seine Hilfe an. Obwohl moderne Japaner nichts von spirituellen Dingen halten, wollte man der Sache eine letzte Chance geben. Was hatte man schon zu verlieren. Der Mönch meditierte vor Ort und sah sofort die Wurzel des Übels: Geister. Nicht nur zwei oder drei, sondern dreißig, vierzig unglückliche Seelen befanden sich auf den Feldern. Er besorgte sich vier Lautsprecher und sprach über ein Mikrofon stundenlang Sutras, buddhistische Gebetsformeln (ähnlich den indischen Mantras), die sich so in alle vier Himmelsrichtungen verbreiteten. Die Familie dachte an Scharlatanerie und zahlte zunächst keinen Cent.

Doch bereits nach einem Monat sprossen hier und da vereinzelt Keimlinge. Nach drei Monaten konnte man die ersten Anzeichen von Kürbissen und Gurken erkennen. Nicht nur das: Das Gemüse wuchs zu Prachtexemplaren heran, sodass die Familie Mühe hatte, die Ernte ohne weitere Hilfskräfte einzubringen. Die Tomaten wuchsen zu Supertomaten heran, schmackhaft und voller Saft. Ein Historiker, der zu Rate gezogen wurde, bestätigte nach diversen Recherchen, dass an genau dieser Stelle vor rund 600 Jahren eine brutale Schlacht mit unzähligen Opfern stattgefunden hatte.

Der Mönch wies die Familie an, wöchentlich eine Cassette mit seinen aufgezeichneten Beschwörungsformeln über Lautsprecher abzuspielen. Für ihn war all das nichts Besonderes, konnte er doch die vielen Geister mit seinem geistigen Auge sehen.

Um was es mir bei diesem TV-Bericht geht, und warum ich ihn erwähne: Welches Recht haben wir im Westen, solche Resultate als Aberglaube oder esoterischen Unfug abzuwerten? Ein Skeptiker mag meinen, die Saat sei zuvor wetterbedingt oder aus anderen logisch nachvollziehbaren Gründen nicht aufgegangen, und dass der Einfluss des Mönchs auf Einbildung beruhe.

Man mag auch einwenden, der Autor, also meine Wenigkeit, sei so sehr von der Existenz von Geistwesen überzeugt oder sei so lange in Asien gewesen, dass er nicht mehr offen sei für rationale, wissenschaftliche Erklärungen und den Leser in seine Welt hineinziehen wolle. Derlei Gedanken kann ich natürlich nicht verhindern, auch wenn mir nichts ferner liegt, als andere zu beeinflussen. Manipulation ist für mich das Schlimmste, was man einem anderen antun kann.

Da ich aber höchst selten fernsehe, und solche Dokumentationen ausgerechnet dann ausgestrahlt werden, wenn ich gerade den Einschaltknopf drücke, und ich zufällig im realen Leben mit solchen Phänomenen häufig in Kontakt komme, ohne dass ich es will, halte ich es für meine Pflicht, meine Beobachtungen weiterzugeben. Eine andere Absicht, einen Hintergedanken, verfolge ich nicht. Was hätte ich davon? Ein paar Euros zu verdienen an einem Buch, das auf Lügen basiert? Damit würde ich mir schlechtes Karma einhandeln. Oh Schreck! Wieder so ein Wort, das in Deutschland mit Esoterik in Verbindung gebracht wird.

Zurück zum Volk der aufgehenden Sonne: Was mich damals in Japan so traurig stimmte, war der Umstand, dass Japaner trotz einer solchen Dokumentation, die ja quasi Beweise liefert für die Existenz von Geistwesen, diesen Themen gegenüber so verschlossen sind, was sie vor 80 Jahren absolut nicht waren, wie mir dort alte Menschen erzählten. Doch heute, wen ich auch antreffe, egal wie gebildet oder welterfahren, man dreht beim Thema Geistwesen verlegen den Kopf weg und spricht ein anderes Thema an. Einige tun es als Unfug ab, andere meinen, es fehle an Beweisen. Solche Reaktionen wären drei Generationen vorher nicht denkbar gewesen, sodass ich den Grund dafür in einer modernen, westlichen Erziehung sehe bzw. in einer Schulbildung gemäß westlicher Vorgaben. Denn die Geistwesen sind ja nicht weniger geworden oder verschwunden.

Diese radikale Umprogrammierung zugunsten von logischem, rationalem Denken fand ja auch in Europa statt. Eine japanische Freundin meinte, ihnen würde in der Schule konsequent das nicht-rationale Denken ausgetrieben. Es zähle nur, was der Lehrer sagt, was Regierende vorgeben und was die Wissenschaft bestätigt. Ihre Leistungsgesellschaft hat alle fest im Griff. Steuert Deutschland dasselbe Ziel an? Doch statt die Daumenschrauben etwas zu lockern, wie es in Deutschland der

Fall ist, wo man dem nicht-logischen Denken wenigstens ein wenig Platz einräumt, blieb es in Japan bei einer Umprogrammierung aller Schichten zu Gunsten von Wirtschaft und Industrie. Wohin das so entstandene geistig-seelische Vakuum führte, zeigt folgender Vorfall, der auf der ganzen Welt bekannt wurde.

Abb. 3: Fachbuch des Autors über psychosomatische Erkrankungen, erschienen in Japan

4 Ein Yogi hält ganz Japan in Atem

Als Vorab-Information: Japaner nehmen im Schnitt fünf Tage Urlaub im Jahr, und wer sich vor Überstunden drückt, riskiert die Kündigung. Wer abends um 22 Uhr todmüde von der Arbeit kommt und so wenig Urlaub bekommt, kann unmöglich noch Zeit- und Kraftreserven haben für ein gesundes Familien- und Sexualleben, geschweige denn Sinnfragen nachgehen, eine spirituelle Entwicklung verfolgen oder über Themen jenseits von Familie und Beruf nachdenken. Bis vor 25 Jahren wurde auch an Samstagen gearbeitet.

Japans Schüler kommen nachmittags gegen vier Uhr nach Hause und haben dann bis sechs Uhr Nachhilfe oder privaten Unterricht. An Samstagen und Sonntagen sind Sport oder sonstige Aktivitäten in der Schule angesagt. Die einzige „offiziell zugelassene" Flucht aus diesem Leistungsdruck ist die Konsumwelt und das Internet. Und so hat sich denn ein Materialismus entwickelt, der noch dichter ist als in der westlichen Welt. Wer auf der Strecke bleibt, gilt als Verlierer. Es bleibt dann noch der Weg in den Selbstmord, und so verwundert es nicht, dass Japan eine der höchsten Suizidraten weltweit hat.

Den Kopf voll mit Gedanken an die Arbeit oder die Firma, in Sorge um finanzielle Sicherheit, die wenige freie Zeit mit der Familie verbringend, bleibt nicht mehr viel für eine Auszeit oder Wege abseits des Massenkonsums – ein Zustand, dem sich Deutschland gerade nähert. In Japan entstand in den letzten Jahrzehnten ein spirituelles Vakuum, das unter anderem eine lange Liste psychosomatischer Erkrankungen auslöste, besonders unter den Stadtmenschen – und auch das trifft auf Deutschland zu.

Nun zum Vorfall: Hier schaffte ein cleverer Mann vor rund 25 Jahren Abhilfe. Asahara, der etwas Yoga konnte und es wagte, sich die Haare lang wachsen zu lassen, ernannte sich zum Guru, kleidete sich in indische Gewänder, gründete die *Aum-Sekte* und gab vor, erleuchtet zu sein. Seine Anhängerschaft wuchs wie ein Krebs. Zigtausende lagen ihm zu Füßen, nahmen an seinen Meditations- und Yoga-Kursen teil. Keineswegs nur Esoteriker. Anwälte, Wissenschaftler, Ärzte und andere Akademiker aus allen Schichten schworen ihm die Treue. Auf der Höhe seines Ruhmes muss ihm wohl der Erfolg zu Kopf gestiegen sein. Er wollte eine neue Weltordnung erschaffen, mit ihm an der Spitze.

Doch dazu musste die alte Welt erst ausgelöscht werden. Asahara heuerte Chemiker an und ließ Sarin, ein tödliches Nervengift, in rauen Mengen herstellen, völlig unbemerkt. Er besorgte sich sogar einen russischen Militärhubschrauber und parkte ihn auf seinem Grundstück, ohne von der Polizei befragt zu werden. Der Auftakt zur Weltverbesserung sollte ein Giftgas-Anschlag auf wichtige Gebäude in Tokio sein. Seine treuen Helfer, darunter zwei Ärzte, sollten das Gift in U-Bahnen entweichen lassen, genau unterhalb diverser Ministerien. Einige Täter bekamen im letzten Moment Gewissensbisse, sodass nicht alle Bomben Gas ausströmten. Doch es reichte, um 12 Menschen zu töten und 6.250 zu schädigen. Viele von ihnen leiden noch heute an irreparablen neurologischen Spätfolgen. Dieser Angriff sorgte überall für Schlagzeilen.

Unter Mitwirkung von FBI-Profilern wurde Asahara nach drei Wochen gefasst, zum Tode verurteilt, und seine Sekte aufgelöst. Doch die wahren Folgen setzten meines Erachtens erst danach ein. Entsetzt über diese Angriffe in ihrem sonst so friedlichen Land, wollten die Japaner nichts mehr mit Yoga, Meditation und Spiritualität zu tun haben. Die, die eine Religion ausübten, wurden skeptisch angesehen. Alles Geistige war mit einem Schlag teuflischer Natur. Bei denen, die ab und zu mal einen buddhistischen Tempel besuchten, drückte man noch ein Auge zu.

Zur Zeit der Anschläge war ich auf Sri Lanka und betreute in meiner Ayurveda-Klinik japanische Kurgäste. Kazushi, unser japanischer Yoga-Lehrer, wurde auf der Heimreise am Flughafen Osaka von Grenzbeamten gefragt, was denn sein Beruf sei. Kaum dass er „Yoga-Lehrer“ sagte, wurde er auf der Stelle abgeführt und stundenlang verhört. Heute lachen wir beide darüber, aber es zeigt, wie blank die Nerven damals lagen. Auch hier sehe ich Parallelen zu Deutschland, wo zwar noch kein Anschlag von Esoterikern verübt worden ist, doch die Befürworter von Homöopathie und Naturheilverfahren steckt man in die Schublade der Impfgegner und Regierungskritiker mit der Aufschrift „Querdenker“ oder „Verschwörungstheoretiker“. Die beiden Länder ähneln sich wirklich sehr.

Jeder junge Mensch fragt sich, entweder vor oder nach Eintritt in die Berufswelt, nach dem Sinn des Lebens. Es muss im Leben doch mehr geben, als Geld zu verdienen und eine Familie zu gründen. Doch diese Frage wird in Japan im Keim erstickt.

Einerseits, weil darauf sowieso niemand eine Antwort hat, dann, weil eine Sinnsuche bei der Arbeit stören würde. Das Vakuum, das so über Jahrzehnte entstanden ist, wurde bislang nicht gefüllt. Japans Regierung hat bis heute nicht begriffen, dass sie das Problem selbst verursacht hat, weil sie verhinderte, dass die Bevölkerung ihre spirituelle Seite ausleben bzw. wahrnehmen kann.

Im Westen wurde diese Nische zum Großteil von Esoterikern besetzt, Imitatoren der amerikanischen New-Age-Bewegung. Im Schatten der „gelben Welle“ fand allerdings auch nützliches Gedankengut Einzug in die Köpfe der Deutschen. Der Buddhismus wurde besser verstanden, Akupunktur wurde ernst genommen, Ayurveda trat seinen Siegeszug an, und so manch einer fand in der Fülle orientalischer Philosophie und Gesundheitslehren Antworten auf wichtige Fragen, denen sich hierzulande die Kirche nie stellte.

Dieser frische Wind setzte in Japan nicht ein – im Gegenteil. Im Zuge der Übernahme amerikanischer „Werte“ und „Kultur“ rückten die eigenen Traditionen und Weisheiten immer weiter in den Hintergrund. Alles Östliche war out, alles Westliche in. Das führt so weit, dass reiche Eltern ihre Kinder zum Ballett- oder Klavierunterricht schicken, um den Status der Familie anzuheben, obwohl westliche Klänge in den Zellen der meisten Japaner eine Dissonanz erzeugen, im Gegensatz zu traditionellen Musikinstrumenten und gewohnten Tönen, die ihre Herzen mehr ansprechen.

Die explosionsartig gestiegene Zahl psychosomatischer Erkrankungen in Japan wurde zum Festschmaus für die Pharmaindustrie. In meiner Funktion als Berater in einer Psychosomatik-Klinik in Tokio lernte ich mehrere Patienten kennen, die seit Jahren von Schlaftabletten abhängig sind und ohne nicht mehr einschlafen können. Ihr Arzt würde ihnen diese ohne Hinterfragen und ohne Ursachenforschung ohne zu zögern verschreiben. Einst fand ich im Wartezimmer eines Tokioter Psychologen, mit dem ich ein Interview führen wollte, eine Aufklärungsschrift über Depressionen und bipolare Störungen, mit schönen Bildern und einer guten Erklärung. Doch statt Hilfe zur Selbsthilfe wurde auf der letzten Seite ein Medikament vorgestellt. Herausgeber: *Pfizer Japan Ltd.*

Ich führe diese Dinge an, weil sie zeigen, welche Auswirkungen eine rein materialistische, konsumorientierte Lebensweise haben kann, und dass Instant-Lösungen gemäß einem oberflächlichen amerikanischen New-Age-Modell nicht die Lösung sind. Das Verdrängen unseres Gespürs mitsamt unseres siebten Sinns erzeugt seelische Unzufriedenheit, eben weil das nicht unserer Natur entspricht. Überall auf der Welt leiden die Menschen darunter und verlieren ihre Kraft. Ob das noch produktiv ist? Ob das noch der Wirtschaft hilft? Schießen wir uns da nicht ein Eigentor?

5 Wie Amerika den Geist Japans auslöschte

Ein nachdenklicher Leser mag sich fragen, warum denn die Japaner ihr geistiges Erbe gegen amerikanische „Werte“ ausgetauscht haben. Taten sie es freiwillig oder wurden sie gezwungen, ähnlich dem Schicksal der Deutschen?

Hier die historische Erklärung in Kurzform: Der Shogun, Japans oberster militärischer Befehlshaber, bevor das Land sich dem Westen öffnete, wollte Frieden für sein Volk. Nach dem Motto „Einheit macht stark“ ging er davon aus, Japan könne sich nur entwickeln, wenn keine Ausländer mehr ins Land kommen. Er hatte wohl eine Ahnung. Ab diesem Zeitpunkt begann eine Zeit der Isolation. Er verlegte die Hauptstadt von Kyoto nach Edo, dem heutigen Tokio. Die ab 1603 einsetzende Edo-Zeit ist hiernach benannt.

Edo wuchs binnen kurzer Zeit zu einer Millionenmetropole. Doch wer glaubt, dies habe zu Problemen geführt, der irrt. Dank einer Städteplanung par excellence hatten alle Bürger reichlich zu Essen, viel Kultur, gute Behausungen und ein Kanalisationssystem für Abwässer, während man in Europa aus dem Fenster schiss, um es vulgär auszudrücken. Laut einem Edo-Experten soll es über 10.000 verschiedene Gerichte und Speisen gegeben haben, Hunderte Sorten von Fisch und Meeresfrüchten, dazu die verschiedensten Zubereitungsarten.

Die kulinarische Entwicklung, deren Beliebtheit weit über die Grenzen von Edo hinausging, war indes nicht die einzige. Auf dem Gebiet der Handwerkskunst wurden Meisterwerke geschaffen, die bis heute unübertroffen sind. Lack- und Intarsienarbeiten mit Muschelschalen verzierte Kosmetikspiegel, Keramiken und mehr. Tusche- und Pinselmalerei, Kalligrafie, Holzdruck, Baukunst, Textilhandwerk, Porzellan- und Möbelmanufaktur aus jener Zeit blieben bis heute die Krönung japanischer Kunst. Das Schönste: In ganz Japan gab es 270 Jahre lang keinen Krieg und keine Schlacht.

Abb. 4: Typische Darstellung von Sex-Praktiken in der Edo-Zeit

Da es in Edo 50% mehr Männer als Frauen gab, blühte das Nacht- und Bordellleben nicht minder, für das es kaum gesetzliche Einschränkungen gab. Das damalige Ausleben der Sexualität findet im heutigen Japan keine Entsprechung, und die Japaner leiden entsprechend. Die vielen erotischen, teils pornografischen Darstellungen der Edo-Periode, die in ganz Japan bewundert wurden, lassen ahnen, dass die damaligen Japaner alles andere als gehemmt, verklemmt oder prüde waren. Selbst Homosexualität war erlaubt, auch wenn sie nicht zur Schau gestellt wurde.

Dank landesweitem Frieden fingen die Schwerter der Samurai zu rosten an. Es war für die Kriegerkaste nicht mehr nötig, ihre Herren im Kampf zu verteidigen oder zu schützen, also lernten sie Schreiben, Rechnen und kaufmännisches Verhandeln, um den Fürsten damit zu dienen. Samurai verbrachten mehrere Stunden am Tag mit der Perfektionierung ihrer Handschrift, dem Zeichnen chinesischer Schriftzeichen, oder widmeten sich der Poesie. Doch dann kam ein jähes Ende dieser paradiesischen Epoche. Trotz Einreiseverbot für Ausländer traf 1853 eine amerikanische Flotte im Auftrag des damaligen US-Präsidenten Fillmore ein. (Auf Deutsch würde der Name bedeuten „mehr füllen".) Vielleicht wollte er seine Staatskasse mit japanischem Gold füllen oder einfach nur nachsehen, ob man Japaner versklaven konnte, so wie man es mit Afrikanern und Hawaiianern tat. Fillmore schickte seinen Kommandanten Matthew Perry los, mit vier unheilvoll, düster aussehenden Kriegsschiffen, die in der Nähe von Yokohama vor Anker gingen.

Perry präsentierte einen Vertrag auf Englisch, den der Shogun zu unterzeichnen hatte. Eigentlich eine Frechheit, aber für den großen amerikanischen Marine-Offizier waren seine Gegenüber nur dumme Insulaner ohne Schusswaffen. In Anbetracht der Kanonen an Bord der amerikanischen Schiffe nahm der Shogun den Vertrag entgegen, bat jedoch um Bedenkzeit und schickte die Amerikaner wieder fort. Sie zu bestrafen (das Betreten Japans stand noch immer unter Todesstrafe) wäre angesichts der Kanonen aussichtslos gewesen.

1854 stand Perry erneut vor den Toren Japans, diesmal mit acht Schiffen, und zwang den Shogun zur Unterzeichnung eines mitgebrachten Dokumentes, betitelt „Vertrag über Frieden und Freundschaft“. Perry ließ zur Begrüßung Salven aus seinen Kanonenschiffen feuern und ging mit 300 Mann an Land, alle im Gleichschritt, alle in Uniform. So etwas hatten die Japaner noch nie gesehen. Auch wenn es keine echte Bedrohung war, der Shogun unterzeichnete. Von nun an erwirkten die Amerikaner schrittweise Zugang und Handel mit Japan. Vierzehn Jahre danach war die Edo-Zeit zu Ende. Vorbei mit lustig, vorbei mit hemmungslosem Sex, vorbei mit Frieden, Harmonie und uralten Werten. (Hawaii erlitt genau dasselbe Schicksal.)

Japans Staatsmänner ließen sich fortan von der „Zivilisation“ des Westens blenden und strebten eine Angleichung an deren „Fortschritt“ an. Ihnen wurde bewusst, dass man sich mit mächtigem Kriegsgerät nicht nur gut verteidigen, sondern auch andere Länder erobern konnte. Zum Teufel mit dem Frieden, zur Hölle mit der Harmonie. Man ließ sich die Haare schneiden, trug westliche Kleidung und trank Kaffee. Gleichzeitig regierte militärischer Größenwahn, der später zum Krieg mit Amerika und zum Abwurf der Atombombe führte. Da hatten die Amerikaner mit ihrem freundschaftlichen Vertrag wirklich ganze Arbeit geleistet. Und auch hier sehe ich wieder Parallelen zu Deutschland. Doch das ist Stoff für andere Autoren.

6 Das Massaker von Tokio

Der plötzliche Sinneswandel der japanischen Führung schmeckte nicht allen im Volk. Viele waren gegen die Übernahme westlicher Werte und Waren, was im Hollywood-Film »Der letzte Samurai« brillant dargestellt wird. Mit Argwohn betrachteten die Japaner die Ansiedlung europäischer Kaufleute in Yokohama, wo fast jeden Tag ein großes Handelsschiff anlegte. Man darf hier nicht das bereits erwähnte Super-Gespür der Japaner vergessen. Intuitiv mussten sie geahnt haben, dass diese Entwicklung nicht gut sein kann für den Geist ihres Landes, und so schauten sie denn zähneknirschend der Umprogrammierung ihres Landes zu, bis sich ihr Frust eines Tages in einer Gräueltat entlud.

Abb. 5: Das große Erdbeben in Tokio 1923 zerstörte große Teile der Stadt.

Am 1. September 1923 bebte die Erde in Tokio und Umgebung so gewaltig, dass man es als göttliche Strafe oder Warnung hätte interpretieren können. Tokio und Yokohama wurden fast vollständig zerstört. Das, was übrig blieb, wurde von einem nachfolgenden Flammeninferno erfasst und ausgelöscht, denn das Erdbeben erfolgte mittags um 12 Uhr, als alle am Kochen waren. Die Brände breiteten sich so rasch aus, dass für viele eine Flucht unmöglich war. Es verbreitete sich das Gerücht, das Inferno sei von Ausländern absichtlich verursacht worden. Ein absurder Gedanke, ähnlich dem Vorwurf Hitlers, die Juden seien Schuld an allem Unglück. Aber in beiden Fällen führte es zu einer Entladung negativer Emotionen.

Was folgte, war ein Massaker an über 6.000 Koreanern. Die meisten von ihnen wurden von Zivilisten mit spitzen Bambusspeeren erstochen. Bei einigen der zweiten und dritten Generation war man nicht sicher, ob es Koreaner oder Japaner waren. Man zwang sie, japanische Wörter akzentfrei auszusprechen. Wem das nicht gelang, wurde auf der Stelle getötet. Dem Massenmord fielen auch Chinesen zum Opfer und sogar Japaner aus Okinawa, die einen starken Dialekt sprachen und irrtümlich als Nicht-Japaner eingestuft wurden. Alles, was auch nur im Entferntesten nach Ausländer aussah, hatte kaum eine Chance, zu entkommen.

Berichten zufolge hatten unter anderem Polizisten die Bevölkerung zum Massenmord angestiftet. Viele Koreaner, die aus Angst um ihr Leben in Polizeigebäude flüchteten, wurden abgeschlachtet, weil der Lynch-Mob ungehindert in die Gebäude gelassen wurde. Zeugenaussagen zufolge sollen Polizeibeamte sogar die Bevölkerung aufgefordert haben, Koreaner und Chinesen zu töten. Die Flüsse waren rot von Blut, wie Augenzeugen berichteten. Wer sich für die Details interessiert, kann diese nachlesen unter:

//en.wikipedia.org/wiki/Kant%C5%8D_Massacre

Ich will den Leser nicht mit japanischer Geschichte langweilen, doch das zeigt, wie ein Volk auf eine erzwungene, unnatürliche Denk- und Lebensweise reagieren kann, und dass die zwanghafte Verlagerung vom Bauch zum Kopf bzw. vom intuitiven Denken zum rationalen hin, Aggression zur Folge haben kann. Unser Zellprogramm weiß eben doch, was uns gut tut, und was nicht. Psychosomatische Erkrankungen sind nichts anderes als die Rebellion unserer Seele. Doch dazu später.

Zusätzlich zu der von oben erzwungenen Annahme westlicher Werte und Waren kam die zunehmende Zahl von Ausländern in Japan. Könnte eine solche explosionsartige, aggressive Entladung von Unzufriedenheit auch in Deutschland stattfinden angesichts der übermäßig starken Einwanderung von Ausländern? Fehlt hier nur noch ein zündender Funke? Sind die zahlreichen, teils aggressiven Demonstrationen in den neuen Bundesländern vielleicht Ausdruck innerer Unzufriedenheit einem seelenfeindlichen System gegenüber?

Als die Beatles in Tokio ein Konzert gaben, demonstrierten auf den Straßen Hunderte gegen die Aufführung, aus Sorge, die revolutionär neuartige Musik könnte ihre Jugend verderben oder das japanische Denken verdrängen. Das war 1966, zwei Jahre nach der Olympiade in Tokio. Wer also dachte, die Japaner seien nun endlich international eingestellt, lag falsch. Äußerlich vielleicht, weil die Kimonos westlicher Kleidung wichen, und die Männer in feinen Anzügen umher liefen. Doch innerlich hielten sie an ihren Grundwerten fest, bis auch die ihnen ausgetrieben wurden. Japan wurde zum Land der Zombies. Psychosomatische Erkrankungen sprießen wie Pilze aus dem Boden. Und Deutschland ist auf dem besten Wege, es nachzumachen.

7 Logik vs. Intuition

Völlig am Boden zerstört, wurde Japan ab Kriegsende zu einem „Verbündeten" der USA gemacht, oder besser gesagt, zu ihrem Kunden. Schrittweise führten die USA Zigaretten, Coca Cola, Jeans und Fast Food ein. Darüber hinaus wurden Japaner mit einer für sie neuen Denkweise konfrontiert, die rein auf Logik basiert, und an die sie nicht gewohnt waren. (Die Parallelen zu Deutschland sind in den Augen von Historikern sicherlich phänomenal.)

So erklärten amerikanische Ärzte der japanischen Regierung, Kalzium sei wichtig für den Knochenaufbau, wozu Milchkalzium aus den USA genau das Richtige sei. Dass Japaner sich ihre Kalziumration aus Fisch, Eiern, Grüntee und Wurzeln holten, und ihre Mägen in 7.000 Jahren noch nie Milchprodukte verdaut hatten, fiel dabei unter den Tisch. Die Knochen der alten Japaner waren auch ohne Milchprodukte stark genug, um aus Karate eine tödliche Waffe zu machen und 20 Kilogramm schwere Rüstungen in einer Schlacht stundenlang zu tragen. Doch gegen die Wissenschaft der Amerikaner kam keiner an, und so importiert man bis heute tonnenweise ihr Milchpulver. Ein japanischer Historiker zeigte mir einmal eine uralte Schwarzweiß-Fotografie, auf der alte Frauen 60 kg schwere Reissäcke auf ihren Köpfen trugen. Das soll mal eine Amerikanerin nachmachen.

Gegenüber Amerikas Wissenschaft fühlten sich die Japaner unterlegen. Sie fanden kein Gegenargument zur Kalzium-Logik. Hätten sie ganzheitlich gedacht, so wie ihre Vorfahren, oder hätten sie sich von ihrer Intuition leiten lassen, wären ihre Kinder heute so stark wie einst die Samurai.

Abb. 6: Japaner bei der Arbeit zu einer Zeit, als sie noch kerngesund und kräftig waren.

Es war dumm von den Amerikanern, einem Volk mit der weltweit höchsten Lebenserwartung zu sagen, wie es sich zu ernähren hat, aber der Westen fühlte sich überlegen, zivilisiert und fortschrittlich. Auch das führe ich nur an, um zu zeigen, wie eine unnatürliche (nicht den Zellen entsprechende) Ernährung sowie „modernes“ Denken die Intuition und den siebten Sinn auslöschen können.

Eine solche Kopflastigkeit ist schließlich nicht angeboren – auch nicht in Deutschland. In Gesprächen mit Kindern erfahre ich häufig, dass diese eine ganz andere Wahrnehmung haben als Erwachsene. Voller Überzeugung berichteten einige, schon mal Engel gesehen oder Kontakt mit Gott gehabt zu haben, oder

Dinge erkannt zu haben, die kein Erwachsener versteht. Kommen die Kleinen in die Schule, wird ihr Gespür, ihr gefühlsmäßiges Erkennen, ausradiert und durch Kopflastigkeit ersetzt, zwangsweise und ohne Rücksicht auf das stille Leiden ihrer Kinderseele. Ab der dritten oder vierten Klasse ist es dann ganz weg, was jeder auf seine eigene Art verkraften muss. Manche passen sich schweigend an, andere rebellieren und werden aggressiv, so wie die Japaner in Yokohama, deren Denkweise man durch eine neue ersetzen wollte. Natürlich dient das rationale Denken der Arbeitswelt und dem Staat. Doch welchen Preis zahlen wir dafür, wenn letztendlich niemand richtig glücklich ist?

Abb. 7: Japanerinnen tragen 60 kg Reissäcke

8 Ein Mädchen namens Hanako

Nach einer langen Japan-Pause erhielt ich, in Baden-Baden wohnend, überraschend eine Einladung von einem Arzt, der bekannt ist für ganzheitliches, alternatives Vorgehen. Dr. Eisei Furuya, so sein Name, schlug mir vor, in Tokio Seminare und Schulungen für Kollegen und Patienten mit ihm durchzuführen. Drei Monate später packte ich meine Koffer. Unsere Zusammenarbeit ging dann über zwei Jahre und war die bislang beste Erfahrung für mich in Asien.

Nach einem meiner Vorträge dort über Psychosomatik kam eine Japanerin auf mich zu und fragte, ob sie mit ihrer Tochter zu mir kommen könne. Wenige Tage später erschienen sie, die Mutter selbstbewusst und redselig, die Tochter dagegen schüchtern und wortkarg. Ich verstand, warum Frau Mama ihre Tochter nicht allein losschicken wollte, obwohl sie 26 Jahre alt war. Vom Geist her wirkte sie wie eine Zwölfjährige. Mit stockender Stimme und sichtbarer Verlegenheit erzählte Mama, wie Akemi, so hieß ihre Tochter, seit ihrer Kindheit Geister sähe, und zwar überwiegend die verstorbener Kinder, darunter ein Junge, der mit acht überfahren wurde, sowie ein Mädchen namens Hanako, das im Alter von

Abb. 8: Dr. med. Furuya, der den Autor nach Japan einlud, um gemeinsam Schulungen durchzuführen.

fünf in der Badewanne ertrank. Diese Kinder würden sich um Akemi versammeln und mit ihr sprechen. Es sehe entsetzlich aus, wenn die Tochter ihnen antwortete, obwohl niemand zu sehen sei. Sie tue das, seit sie elf ist. Nun bekomme sie Mittel gegen Schizophrenie, deren Dosis ständig erhöht werden müsse. Dadurch sei sie oft müde und fände keine Arbeit. Ihr Psychiater wisse auch keinen Rat mehr. Ob ich der Tochter diesen Unfug denn nicht mal ausreden könne.

Die Augen schließend, tief Luft holend, unterdrückte ich meine Wut. Das war nun der vierte Fall dieser Art (der erste war meine Frau) in einem Land, das einst Religion, Götter und Kraftorte verehrte. Doch im modernen Japan geht man zum westlich geschulten Psychiater und lässt sich mit Psychopharmaka zudröhnen.

Ich wandte mich der Tochter zu, die noch nie einem Ausländer gegenüber gesessen hatte: „*Wie heißt denn das Mädchen, das gerade jetzt neben dir steht?*" Denn auch ich konnte etwas wahrnehmen. „*Hanako*", kam die Antwort. Ich: „*Magst du sie?*" Akemi: „*Ja sehr, sie ist mir von allen Kindern die Liebste. Wir verstehen uns gut.*" Darauf bat ich die Tochter, etwas an Hanako weiterzuleiten. Im weiteren Verlauf führten wir zu dritt, also mit dem Geist, eine Konversation, bei der Akemis Energie zunahm und die der Mutter zusehends abnahm.

Zum ersten Mal traf die Tochter jemanden, der sie verstand und sie nicht für verrückt hielt. Ich: „*Hör zu, Akemi, die Kinder wenden sich an dich, weil du sie wahrnehmen kannst. Am liebsten würden sie mit dir spielen, wenn sie einen Körper hätten.*" Akemi lachte und stimmte zu. Ich weiter: „*Du willst ihnen doch sicher helfen, oder?*" Sie nickte. Ich machte ihr klar, dass es den Kindern im Himmel wesentlich besser ginge als hier auf der Erde, und fragte, ob sie bereit sei, alle in den Himmel zu schicken. Akemi nickte wieder. Ich fasste ihre Hände und bat sie erneut, Hanako etwas mitzuteilen, nämlich, dass es im Himmel viel schöner sei. Wir alle hätten uns über den Kontakt gefreut, doch bäten sie nun, ins Licht zu gehen und von Akemi abzulassen. Kaum dass meine Worte telepathisch übermittelt worden waren, kam von der anderen Seite eine Antwort: *„Danke, dass du mich verstanden hast. Ich werde gehen. Danke."*

Akemi und ich fielen uns in die Arme. Nachdem ich mich wieder gefasst hatte, erklärte ich der Mutter, dass ihre Tochter eine besondere Gabe und Aufgabe habe, nämlich erdgebundenen Kinderseelen den Aufstieg nach oben zu ermöglichen. Es gäbe viele erdgebundene Seelen, darunter auch Kinder, denen Akemi durchaus helfen könne. Die Mutter verstand so langsam und sah ihren Denkfehler ein. Beide schreiben mir noch immer.

Ohne die Begegnung mit mir hätte man Akemi ein Leben lang mit Psychopharmaka vollgestopft. Solche Fälle gibt es in Deutschland tausendfach. Aber wer würde diesen Zustand in Japan vermuten, dem Land, aus dem Reiki, Aikido und Zen-Buddhismus kommen? Könnte es sein, dass auch Deutschland durch die vielfältigen, subtilen Einflüsse aus Amerika davor steht, seine Werte, seine Traditionen und seinen Geist zu verlieren? Sollten wir nicht endlich einsehen, dass es in unserem Umfeld geistige Einwirkungen gibt, die entscheidend sind für Glück und Gesundheit, auch wenn die Wissenschaft keine Erklärung dafür hat? Es muss ja deswegen nicht jeder an den Teufel glauben, doch von dem handelt meine nächste Begegnung.

Abb. 9: Der Autor und Akemi, Tokio 2018

Kommentar von Dr. med. E. Furuya

Dr. Furuya ist der Leiter der *Akatame Psychosomatik-Klinik* in Tokyo und der Präsident der *Japanischen Gesellschaft für Ganzheitsmedizin*.

„Mit Scham und Schande stelle ich fest, dass mich Prof. Krames mehr über die japanische Kultur in Bezug auf Fremdwesen und Besetzungen lehrte als mir bekannt war. Ich muss zugeben, dass mehr hinter dem Wissen meiner Vorfahren steckt als allgemein erforscht, und dass auch ich mittlerweile erkenne, wie Fremdwesen/Besetzungen an der Entstehung psychischer Störungen beteiligt sind.

Da Japan ein Land mit hoher Suizidrate ist, konnten ich und meine Kollegen viel aus den Ansätzen des deutschen Forschers übernehmen. Auch das von ihm produzierte Musik-Video mit der 9. Sinfonie von Beethovens fand großen Anklang. Es wird in unserer Klinik je nach Fall Patienten empfohlen und erfreut sich guter Ergebnisse. Scheinbar hat diese Musik eine energetisch aufbauende Wirkung, die der negativen Schwingung von Betroffenen entgegenwirkt.

Das Anheben dieser Stimmung, mit individuell ausgewählten Methoden, ist daher eine effektive Prävention, und kann sowohl Musik als auch Aromen oder Gespräche als Therapie beinhalten. Ich wünschte, Betroffene und Therapeuten kämen weltweit zu ähnlichen Ergebnissen."

Tokyo, 24. September 2018

9 Der letzte Exorzist

Einst kam ich in Kontakt mit einem Geisterbeschwörer auf Sri Lanka, der im Dschungel lebte und unter Einheimischen einen guten Ruf genoss. Schon sein Vater war auf diesem Gebiet auf der ganzen Insel bekannt. Einmal durfte ich seiner Arbeit beiwohnen und war von seiner Ernsthaftigkeit und seiner guten Absicht überzeugt. Von armen Hilfesuchenden nahm er nur das, was sie zahlen konnten, hätte ihnen aber auch ohne Bezahlung geholfen. Er musterte mich und wartete ab. Noch bevor ich den Mund aufmachen konnte, sagte er, er wisse von meinem Anliegen. Bis ins Detail gab er mir Antworten, ohne dass ich dazu die Fragen gestellt hatte. Es war unheimlich. Er konnte sogar in die Seelen meiner Familie schauen und die Absichten meiner damaligen Feinde erkennen.

Im weiteren Verlauf freundete ich mich mit ihm an und durfte einer Teufelsaustreibung beiwohnen, die solche aus dem Film »Der Exorzist« wie einen harmlosen Witz aussehen ließen. Nach zwanzig Jahren Asien und vielen Erfahrungen im spirituellen Bereich war ich so einiges gewohnt, aber da bekam ich Gänsehaut. Er tanzte in Trance um ein „unheilbares" Mädchen (sie war nicht ansprechbar, aß nichts mehr und starrte seit Wochen apathisch die Wand an) und beschwor in Ekstase deren Dämon, bis das Mädchen (ca. 25 Jahre jung) ohnmächtig umfiel, zehn Minuten später aufwachte, von nichts mehr wusste … und, so wie es schien, geheilt war. Die Eltern fielen vor Dankbarkeit auf die Knie.

Ich besuchte den Schamanen danach längere Zeit nicht und verlor den Kontakt. Als ich meine damalige Dolmetscherin zufällig in Colombo traf, fiel das Gespräch auf jene Teufelsaustreibung, was selbst für sie, eine Einheimische, ein schwer verdaulicher Brocken war. Der Schamane sei von der Polizei verhaftet und eingesperrt worden wegen Verdachts auf schwarze Magie, erzählte sie. Da staunte ich sehr, dass es hierfür Gesetze gab, denn Derartiges ist ja nicht nachweisbar. Aber so war es.

Folgendes gab mir zu denken: Hätte ich nur wenige Monate später von diesem Schamanen gehört, hätte ich ihn wegen der Verhaftung nicht angetroffen. Zudem war er der letzte seiner Art. Hatte mich der Himmel zu ihm geführt, damit ich etwas bezeugen sollte? Diente diese sonderbare Fügung dazu, Menschen im Westen eine andere Realität näher zu bringen, eine Realität, die für das Auge nicht sichtbar ist, aber dennoch existiert? Und ich sage es noch einmal: Nein, ich bin weder der Esoterik noch dem Aberglauben verfallen.

Die nachfolgenden drei Kapitel beschäftigen sich mit der Kraft des Betens. Ich betone, dass ich keiner Religion angehöre und auch mit der Kirche nichts am Hut habe. Man kann schließlich auch außerhalb dieser Dinge beten. Doch davon bin ich erst überzeugt, seit ich davon erfahren habe. Das nachfolgende Kapitel erzählt vom göttlichen Eingreifen in Zeiten großer Not, und was wir daraus lernen sollten. Denn schreckliche Zeiten kommen immer wieder auf uns zu.

10 Kamikaze: Wie Beten den Feind vertrieb

Die nachfolgende wahre Begebenheit ist historisch belegt und glaubhaft dokumentiert. Hier hat das Wort „Kamikaze“ seinen Ursprung. Vor rund 800 Jahren hatten die Mongolen unter Dschingis Khan halb Asien erobert. Wo immer sie auftauchten, gab es ein massenhaftes Abschlachten der Bevölkerung, Terror und grausamste Folter an allen, die sich nicht unterwarfen. Kublai Khan, sein Enkel und Nachfolger, schrieb an den Kaiser von Japan, er solle sich ergeben, dann würde seinem Volk nichts geschehen. Er erhielt keine Antwort.

Da rückte 1274 n.Chr. eine mongolische Armada von China über das Meer heran. Knapp eintausend Schiffe mit vielen tausend gut ausgebildeten Kriegern. Doch kaum dass die ersten landeten und tapfere Samurai zu Hunderten töteten, setzte ein Taifun ein, der die Hälfte der Flotte zerstörte und die Mongolen zum Rückzug zwang. Die gut ausgebildeten japanischen Kämpfer hätten sonst keine Chance gehabt. Man nannte den Wind „Kami-Kaze“, zu Deutsch: Götter-Wind.

Der Kaiser wusste, Kublai Khan würde erneut angreifen, und wies seine Shinto-Priester an, für Japan zu beten und gleichzeitig die Angreifer mit einem Fluch zu belegen. Er selbst betete unentwegt um göttlichen Beistand. 1281 wagten die Mongolen erneut eine Invasion, mit einer noch gewaltigeren Streitmacht. Historiker gehen von über 4.000 Schiffen und hunderttausend Mann aus, eine Zahl, bei der selbst mutigste Samurai weiche Knie bekommen. Doch kaum dass die Schiffe in Sichtweite waren, verdunkelte sich der Himmel. Wie aus dem Nichts fegte ein Taifun über sie hinweg und zerstörte fast die gesamte Flotte.

Erneut hatte ein Götterwind Japan gerettet. Danach griffen die Mongolen Japan nie wieder an.

Die Mongolen waren weltweit gefürchtet wegen ihrer Brutalität, ihrer Grausamkeit und ihrer meisterhaften Kriegsführung. Glauben Sie, Kublai Khan hätte erneut Krieger nach Japan geschickt OHNE exakte Berechnung von Meer, Klima und Taifunen? Der erste Angriff war für sie ein Desaster, das sie keinesfalls wiederholen wollten. Selbstverständlich hatten sie den Zeitpunkt der Invasion genau ausgerechnet und geplant, sich mit Astrologen und Seeleuten besprochen und dergleichen. Man wollte nicht wieder in einen Taifun geraten, keinesfalls 100.000 Krieger in den Tod schicken. Selbstverständlich taten sie alles, um diesmal Japan einnehmen zu können.

Ich habe viel Zeit damit verbracht, über dieses „Wunder der Natur" nachzudenken, habe viel gelesen und recherchiert, habe darüber meditiert, bin nachts aufgewacht, weil die Sache in meinem Unterbewusstsein weiterarbeitete, und erkannte dann intuitiv, dass eine göttliche Macht Japan zu Hilfe gekommen war. Das hat nichts mit Logik zu tun oder damit, dass es sonst keine Erklärung gab. Natürlich dürfen Sie gern anderer Meinung sein. Aber wenn zweimal ein großer Taifun genau da aufs Land trifft, wo feindliche Schiffe ankern wollen, zu einer jahreszeitlich untypischen Zeit, dann ist das mehr als Zufall. Ohne das Eingreifen der Götter (Sie dürfen gern auch „himmlische Naturkatastrophe" sagen) würde es Japan heute nicht mehr geben, zumindest nicht in der Form, wie wir es kennen. Das ist eine historische Tatsache. Immerhin wurde die gigantisch große Chinesische Mauer damals zum Schutz gegen die Mongolen erbaut. Die Gefahr war somit nicht übertrieben.

Ich werde an einer späteren Stelle noch einmal auf die Kraft des Betens zu sprechen kommen, und dass dies ein ausgezeichneter Schutz gegen Quälgeister sein kann.

Abb. 10: Der Autor im Gespräch mit dem Abt von Koyasan, der größten Tempelanlage Japans.

Abb. 11: Der Autor im Interview mit dem Sri Lankanischen Leiter des buddhistischen Kulturdezernats.

Ein Kommentar von Dr. Werner Weishaupt

Dr. Weishaupt ist der Präsident des VFP e.V. – Verband Freier Psychotherapeuten, Heilpraktiker für Psychotherapie und Psychologischer Berater.

„Der Titel »Geistwesen – wie sie unser Leben beeinflussen« von Prof. Manfred Krames zwingt nicht nur Besetzte bzw. Betroffene, zum Umdenken, sondern auch alle psychologisch Arbeitenden, denn neben anderen Ursachen für psychische Erkrankungen und Ausnahmezustände, können auch ‚Fremdbesetzungen' eine Rolle spielen.“

(Anm.: Der VFP ist der größte Berufsverband seiner Art mit über 11.000 Mitgliedern. Ein Extrakt dieses Buches erschien als Artikel in deren Verbandsmagazin und löste eine Welle begeisterter Zuschriften und Kommentare aus, viele von Ärzte und Psychologen. Den Artikel finden Sie im Internet unter »Der unsichtbare Störenfried« – www.vfp.de.)

11 Schlimmer kann Corona nicht sein

Vor einigen Jahren erkrankte ich an einer Magen-Darm-Grippe wie noch nie. Ich war allein in Baden-Baden, niemand weit und breit, den ich hätte um Hilfe bitten können. Meine Kraft reichte gerade noch, um mich zur Toilette zu schleppen. Ich hätte es nicht allein zur nächsten Apotheke geschafft. Mein Telefon funktionierte auch nicht. Dann trat am Abend eine akute Verschlechterung ein. Mein Unterleib schmerzte höllisch. Ich krümmte mich vor Schmerzen und dachte nur: „*Oh nein! Kein neues Problem!*", denn Fieber und Schüttelfrost sowie Herzrasen peinigten mich bereits. Da fiel mein Blick auf das Cover eines Buches von Mutter Meera, einer erleuchteten Inderin, die schon vielen per Fernheilung geholfen haben soll. Ich richtete meine ganze Aufmerksamkeit auf das Bild und bat sie darum, meine Schmerzen abzustellen. Es dauerte keine drei Minuten, und die Krämpfe verschwanden. Ich schlief sofort ein.

Es ist nicht meine Absicht, die Leser zum Beten zu animieren, schon gar nicht in Anlehnung an eine Religion, da ich selbst ja keiner angehöre. Wenn aber von einem Gebet eine solche Wirkung ausgehen kann, brauche ich keine Beweise mehr. Und warum soll nicht auch das kollektive Beten des japanischen Kaisers mit seinen Priestern einen göttlichen Wind erzeugt haben können?

Das Problem ist, dass viele eine berechtigte Aversion gegen die Kirche und ihre Vertreter haben und alles, was mit Beten zu tun hat, mit ihr in Verbindung bringen. Es ist traurig, wie diese Machtgierigen der Menschheit bis heute wertvolles Wissen vorenthalten, um die Massen in Abhängigkeit zu halten, von Hexenverbrennungen etc. ganz zu schweigen. Die Kirche wollte sogar die Uraufführung von Beethovens letzter Sinfonie verbieten, was ich in einem entsprechenden Buch dokumentiert habe. Der schlaue Komponist hatte nämlich in »Ode an die Freude« eine geheime Anleitung versteckt, die es ermöglicht, göttliche Liebe zu erfahren – und zwar ganz ohne Kirche und Religion. Also ich kann die Abneigung gegen alles Religiöse gut verstehen.

Maria, Jesus und alle Erzengel existieren aber auch ohne die Kirche – vor allem schon lange vor ihr –, sodass man diese dazu gar nicht benötigt. Wie ein todkranker Manager durch Beten gerettet wurde, erzählte mir sein Chef, der Inhaber einer großen Druckerei auf Sri Lanka. Ich glaube ihm jedes Wort, denn mit Beten, Kirche oder Christentum hatte er absolut nichts am Hut.

Abb. 12: Mutter Meera lebt seit über dreißig Jahren in Deutschland

12 Buddhisten in der Kirche

Diese Begebenheit ereignete sich vor 20 Jahren auf Sri Lanka, als ich dort eine Klinik für Naturheilverfahren leitete. Hin und wieder gab ich Prospekte und anderes bei einer Druckerei in Colombo in Auftrag. Zwei dortige Manager, ein junger Mann namens Mahesh und einer namens Lloyd, wurden im Laufe der Jahre meine guten Freunde. Als ich Mahesh nach längerer Zeit wieder traf, erzählte er mir etwas, was noch lange in mir arbeitete.

Lloyd erschien eines Tages wegen einer Virus-Infektion nicht zur Arbeit. Da solche Erkrankungen auf Sri Lanka keine Seltenheit sind, machte man sich keine großen Sorgen. Doch dann rief Lloyds Frau an und teilte mit, ihr Mann liege im Krankenhaus und habe nicht mehr lange zu leben. Die ganze Firma war geschockt. Da fuhren der Inhaber und Mahesh am nächsten Tag ins Krankenhaus und fanden einen abgemagerten, blassen, elend aussehenden Kollegen vor, der kaum sprechen konnte. Ein Gespräch mit seinem Arzt ergab, dass es sich um ein bislang unbekanntes Virus handle. Laboranalysen hätten zu keinem Ergebnis geführt. Man gab dem Patienten noch maximal eine Woche.

Die beiden gingen zu ihrem Auto und fuhren Richtung Firma zurück. Ihr bester Mann würde in Kürze zwei Kinder und eine Frau zurücklassen. Er war dreißig Jahre jung. Was konnten sie tun? Da schlug Mahesh vor, sie sollten für ihn beten, auf dem Weg liege sowieso eine Kirche. Da gingen die beiden Buddhisten also zum ersten Mal in eine Kirche und beteten für ihren Kollegen, den sie nie wieder sehen würden. Anschließend fuhren sie wortlos zur Firma zurück.

Abb. 13: Manager Lloyd

Drei Tag später rief Lloyds Frau bei Mahesh an, der schon auf die Ankündigung der Beerdigung gewartet hatte. Stattdessen erfuhr er, Lloyd ginge es plötzlich besser. Der Arzt könne keine Erklärung dafür finden, aber er sei auf dem besten Wege der Genesung. Allen fiel ein Stein vom Herzen, als der Gute vier Tage später entlassen wurde, zwar mager und etwas blass, aber ganz der Alte. Mahesh teilte mir all dies mit, weil er meine Meinung hören wollte. Könnte die Spontanheilung etwa mit dem Beten zu tun gehabt haben?

Nach der Art und Weise, wie Mahesh sein Erlebnis vortrug, hatte ich keinen Zweifel. Außerdem kannte ich alle drei gut. Wenn der Chefarzt eines großen Krankenhauses das Ende nahen sieht, und die Familie sich auf den Abschied vorbereitet, dann ist es ernst. Auf mein Nachfragen hin erfuhr ich, dass Lloyd keine neue oder bessere Medizin verabreicht bekommen hatte. Da ich von ähnlichen Erfahrungen gehört habe, halte ich es durchaus für möglich, dass es eine höhere Macht gibt, die unsere Gebete erhört. Wie man diese Macht nennt, ist unerheblich. Gott, Allah, Jesus, Krishna, Schutzgötter, Engel oder wie auch immer. Wichtig scheint mir, dass man aus ganzem Herzen, aus ganzer Seele betet.

Ob es einen oder keinen oder mehrere Götter gibt, soll jeder für sich entscheiden. Ich weiß nur, dass es im Universum etwas gibt, das mächtiger, größer und intelligenter ist als wir hier auf Erden. Es gibt da etwas, das kontaktiert werden kann und das uns zur Hilfe eilt, wenn wir in Not sind. Diese höhere Macht ließ in Japan einen Götterwind entstehen, heilt Kranke, die von ihren Ärzten aufgegeben wurden, und bewahrt Kinder vor dem sicheren Tod, wenn sie einem Unfall in die Augen sehen. Wie wir dieses „Höhere“ ansprechen, ist unwichtig und kann außerhalb einer Religion sein.

In Taiwan gibt es eine buddhistische Organisation mit weltweit über einer Million Mitgliedern, alles Vegetarier. Ihre Leiterin, Master Cheng Yen, hatte 2019 alle zum Beten aufgerufen, um die Pandemie zu bezwingen. Das teilte mir ihr persönlicher Sekretär mit. Taiwan ist das einzige Land weltweit, das Corona zuerst bezwang und frei war von Covid-19.

Was schließe ich hieraus? Geistwesen, egal ob erdgebundene Seelen, Schutzengel, Dämonen, Gottheiten oder sonstige, kann man ansprechen, auch wenn diese sich nicht zeigen. Und diese Wesen können etwas bewirken, im Guten wie im Bösen, wenn man sich an sie wendet. Diese Möglichkeit ist die Basis für das Heilen von Depressionen, Süchten und Psychosen, wie ich im Laufe meines Lebens oft genug erfahren durfte.

13 Die Bedeutung von „Inspiration“

Es ist ein großer Segen für die Menschen, dass sie sich in Zeiten großer Not an geistige Mächte wenden und Heilung erfahren dürfen. Doch es gibt auch den Fall, dass die höhere Macht sich an uns wendet, mit einer Bitte oder mit einem Auftrag.

Das ist mir widerfahren, als ich in Thailand eine Schule für Alternativmedizin leitete. Spät abends ging ich spazieren und kam an einem riesig großen Bild des Königs vorbei, das an der Straße aufgestellt und beleuchtet war. Es zog mich an, so als ob es mir etwas mitteilen wollte. Diese Eingebung war so stark, dass sie lange nachwirkte. Als ich am Folgetag einkaufen ging, entdeckte ich einen Sonderverkauf von Büchern über *König Bumiphol*, auch *Rama X* genannt. Ich kaufte eines und fing sofort zu lesen an. In der Mitte des Buches angekommen, geschah es dann. Ich erkannte, was seine Majestät mir sagen wollte: Schreibe ein Buch über mich!

Nun gab es zwar schon dutzend Bücher über den Mann, der im ganzen Lande verehrt und geachtete wurde, aber ich sah sehr viel Traurigkeit in seinen Augen. Ja, ich fühlte, wie er seelisch litt. Das kam daher, dass er seit über vierzig Jahren versuchte, seinem Volk seine Erkenntnisse zu vermitteln. Doch den Thais wird von klein an beigebracht, ihren König zu vergöttern und quasi anzubeten, was er selbst jedoch nie wollte. Und so waren denn seine erzieherischen Bemühungen vergebens.

Die wichtigsten Informationen gab er mir telepathisch durch. Inspiration bedeutet „In-spirit“ (im Geist, durch den Geist). Kurz, das Buch war in fünf Wochen geschrieben und auf Thailändisch übersetzt. Zuerst ließ ich tausend Stück selbst drucken, dann griff ein Verlag es auf. Bis heute wurden über 70.000 Exemplare verkauft, und auf der Bangkoker Buchmesse erhielt es einen Preis. Dem König selbst schickte ich auch eines zu, und seine Tochter, Prinzessin Sirindhorn, bedankte sich dafür.

Niemals würde ich auf die Idee kommen, mir darauf etwas einzubilden. Es war mit viel Arbeit verbunden, und die Übersetzung auf Thailändisch war sehr teuer. Ich erwähne es auch nur als Beispiel für eine umgekehrte Kontaktaufnahme aus der geistigen Welt.

Abb. 14: Das oben erwähnte Buch auf der Bangkoker Buchmesse 2015.

Doch die verrückteste Sache passierte mir sechs Jahre danach. Nachts hörte ich im Traum die neunte Sinfonie von Beethoven, was mich aufwachen ließ. Die Musik war noch im Kopf, und mit Schlafen nichts mehr drin. Hatte ich Halluzinationen? Im Halbschlaf ging ich an meinen PC und ließ mich auf der Suche nach Antworten führen. Als ich den Text von „Ode an die Freude" las, den der Chor am Ende der Sinfonie singt, bekam ich eine Gänsehaut. Intuitiv erkannte ich, dass der Komponist eine Anleitung zur Erlangung ultimativer Freude (bedingungslose Liebe) eingebaut hatte, diese jedoch chiffriert hat, um die Zensur der Kirche zu umgehen, die damals das Sagen hatte. Denn Beethoven hatte einen Weg gefunden, den inneren Gott zu finden – ohne Religion. Darum erteilte die Kirche für die Uraufführung ein Verbot, welches durch Beziehungen jedoch aufgehoben werden konnte. *„Die wahre Botschaft der neunten Sinfonie hat bis heute keiner erkannt!"*, schoss es mir durch den Kopf. Zu jener Zeit lebte ich in Tokio, sodass ich das Manuskript zuerst auf Japanisch schrieb und dann mehreren Verlagen anbot. Einer nahm es auf und ging mit 10.000 Stück in die Erstauflage.

Der österreichische Botschafter in Japan schrieb ein Vorwort dazu, denn Beethoven erlangte in Wien Welterfolg. Passend zum Buch ließ ich ein Musik-Video produzieren, das bis heute in Japan therapeutisch eingesetzt wird bei Orientierungsverlust, Depression und Mangel an Energie.

Die deutschsprachige Version ist noch umfangreicher als die japanische und enthält eine CD mit der Sinfonie in voller Länge. Ich empfehle sie Menschen in schwierigen Lebenslagen, bei Krisen und bei Mangel an Liebe. Die Sinfonie ist nämlich so aufgebaut, dass sie die Herzschwingung des Hörers verändert, und dadurch seine Seele erreicht – ein Geniestreich, wie ich ihn noch nie erlebt habe. Jedenfalls geht die Musik durch Mark und Bein, wenn man weiß, was der Komponist damit ausdrücken will.

Nicht im Traum würde ich mir wegen dem „himmlischen Auftrag“ etwas einbilden, oder mich als Auserwählter sehen. Finanziell gesehen war es oft die Mühe nicht wert. Wenn ich dann aber Dankesschreiben von Lesern bekomme, denen das Buch bzw. die DVD ihr Leben positiv verändert hat, erfüllt mich das mit Freude.

Während die guten Mächte einem die freie Wahl lassen und gemäß meiner Beobachtung auch nicht „beleidigt“ sind, wenn man eine Bitte ablehnt, lassen die destruktiven, dämonischen Mächte nicht eher los, bis man sich willenlos ergeben und ihre schmutzige Arbeit getan hat, wie ich der Entstehungsgeschichte diverser Kriege entnehme. Eine negative Manipulation scheint immer leidvoll und zerstörerisch zu enden.

Zurück zur Inspiration, die quasi Zeugnis davon ablegt, dass es eine höhere Macht gibt. Allerdings muss der Umsetzende dabei frei von Ego sein, sonst funktioniert es nicht. Nun stelle ich fest, dass die Künstler der heutigen Zeit sich kaum inspirieren lassen, sei es auf dem Gebiet der Musik, Film, Malerei oder Schriftstellerei. Inspiration von ganz oben ist aber wichtig, weil der Betrachter oder Zuhörer dadurch indirekt mit einer hohen Schwingung in Kontakt kommt. Darum haben die klassischen Werke der großen Meister eine ganz andere Qualität. Wer Mozart, Bach oder Beethoven hört, spürt förmlich, wie es Kraft verleiht, liebevolle Gedanken und inneren Frieden erzeugt. Unglücklichen und gestressten Patienten empfehle ich zur Erzeugung positiver Schwingung das Anhören solcher Musik, die übrigens auch zur Trauerverarbeitung geeignet ist. Musik ist wohl die einzige Kunst, die auf direktem Wege unsere Seele anspricht, und ist daher Therapie zugleich. Beachten Sie einmal Musik, die Menschen mit psychosomatischen Störungen hören, und dann solche, die von glücklichen Menschen gehört wird, und Sie wissen, was ich meine.

Das Experiment einer amerikanischen Universität, das in den 1980er-Jahren um die Welt ging, wies nach, dass auch Pflanzen unterschiedlich auf Musik reagieren. Beschallte man sie mit Techno oder Heavy Metal, wurden sie welk und krank. Bei Jazz-Musik gab es kaum Veränderungen. Aber bei Mozart, Bach und dergleichen gediehen sie prächtiger als alle anderen. Deren Kompositionen jedoch waren nicht durch Nachdenken entstanden, sondern durch Eingebung bzw. Inspiration, oder anders ausgedrückt: durch die Verbindung zum Göttlichen, was nichts mit Religion zu tun hat.

Das Problem der heutigen Zeit ist, dass wir uns zu sehr ablenken lassen, sei es durch Handy-Nachrichten, Informationsfluten im Internet und Fernsehen, oder durch verlockende Angebote, egal in welcher Form. Zerstreut, verängstigt und getrieben irren viele durch die Welt und trennen sich dabei von ihrer inneren Stimme, dem „inneren Gott“. Um das zu verhindern, leite ich Betroffene zum Meditieren an, was auch per Internet funktioniert. Hauptsache, es entsteht wieder mehr Achtsamkeit und Bewusstsein. Wir verlieren uns in der manipulierenden Außenwelt, die nur unser Geld und unsere Energie will. Das macht auf Dauer krank.

Abb. 15: Cover des japanischen Buches

14 Die mediale Nonne

Im Jahre 2007 gründete ich in Chiang Mai, das ist im Norden von Thailand, eine Praxis für Alternativmedizin, nachdem der thailändische Botschafter mich dazu ermutigt hatte. Meine Assistentin, die gleichzeitig meine Dolmetscherin war, kannte eine Geistheilerin, die einmal Nonne gewesen war, nun aber Meditationskurse gibt und Geister-Austreibungen durchführt. Ob ich sie nicht mal treffen wolle, fragte sie mich. Master Bee, so ihr Name, war absolut authentisch. Ich stellte sie mehrmals auf die Probe, da es schließlich überall Scharlatane gibt. Doch Bee war kein solcher. Sie konnte Kontakt mit Verstorbenen aufnehmen und Informationen über sie einholen wie niemand sonst.

Bee erklärte mir, dass man sich bei einem längeren Sterbeprozess auf den Tod vorbereiten könne und auch Zeit habe, von seiner Familie Abschied zu nehmen. Meist würden die Seelen dann ins Licht aufsteigen und die irdischen Welten verlassen. Stirbt man jedoch plötzlich, durch einen Verkehrsunfall oder Mordanschlag und dergleichen, könne man eventuell Jahrhunderte umhergeistern, unfähig, den eigenen Tod zu realisieren, unfähig, vom Irdischen abzulassen. Die auf diese Weise Erdgebundenen würden sich manchmal an Hinterbliebenen festhaken. Sie säßen dann im Nacken- und Schulterbereich und würden die Gedanken der so Besetzten beeinflussen. In einigen Fällen zögen diese Geistwesen mit aller Macht den Lebenden auf ihre Seite, indem sie diesen in einen Unfall lockten oder zu einem Suizid bewegten. Die Opfer würden vorher schrittweise ihrer Lebenskraft und ihres Willens beraubt.

Das mag für rational Denkende wie eine Spuk- oder Gespenstergeschichte klingen, für die es schließlich keine Beweise gibt. Doch einmal nahm ich Bee im Auto mit, da schaute sie an einer Kreuzung aus dem Fenster und sagte: „*Der Typ da läuft ja immer noch umher…*", obwohl niemand zu sehen war. Sie erklärte, in der Woche zuvor sei da ein Unfall passiert, und der getötete Motorradfahrer sei sich seines Todes nicht bewusst. Sie werde ihn später ins Licht schicken. Ich holte daraufhin Erkundigungen ein und erfuhr, dass an dieser Kreuzung tatsächlich ein Motorradfahrer ums Leben gekommen war. Natürlich ist auch das noch kein Beweis, aber den werde ich Ihnen am Ende des Buches liefern.

Abb. 16: Prof. Krames mit Master Bee, der medialen Nonne

Nach meiner Thailand-Zeit hörte ich von einer suizidalen Brasilianerin, die sich dreimal auf einem Highway vor fahrende Autos geworfen hatte und jedes Mal mit schweren Verletzungen davongekommen war. Antidepressiva hatten laut ihrer Aussage keine Wirkung. Sie schickte mir per E-Mail ein Foto, das ich an Master Bee sandte. Diese sah sofort eine Besetzung und befreite sie davon. Drei Wochen später hörte ich von der Frau, ihr Lebenselan sei enorm gestiegen und sie könne nicht verstehen, warum sie vorher ihr Leben beenden wollte. Natürlich kann auch das ein Placebo-Effekt sein, nach dem Schema, dass sich jemand um sie gekümmert hat, was dann ihren Lebensmut steigerte. Ich selbst bin da sehr skeptisch und glaube nicht alles, was nach geistiger Heilung aussieht. Doch der Hammer kommt noch.

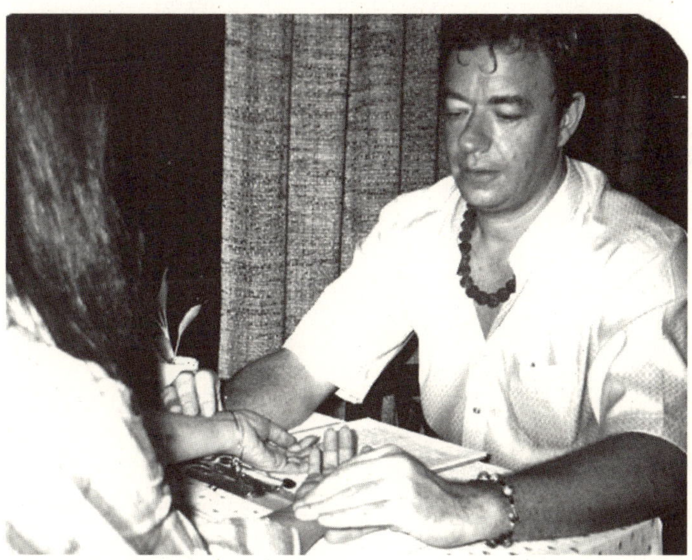

Abb. 17: Der Autor bei der Pulsdiagnose in Thailand

No. 50001/336

28 April 2005

Dear Prof. Krames,

Thank you for your letter dated 10 April 2005 informing about your mission to introduce Ayurveda to Thailand, I am pleased with the idea of reviving this ancient science through exchanging of knowledge between Sri Lanka and Thailand.

I take the liberty to inform you that the Department for Development of Thai Traditional and Alternative Medicine has been established in 2002 under the Ministry of Public Health of Thailand with an aim of promoting and developing Thai folk wisdom as well as Thai Traditional and Alternative Medicine. Therefore, I wish to encourage you to contact the said Department to further explore the possibility of exchanging knowledge of Sri Lankan Ayurveda and Thai Traditional Medicine.

It is indeed a valuable task of you to reintroduce genuine Ayurveda to Thailand to enrich our existing herbal medicine and to complement the Thai natural and holistic approach to health. Meanwhile, I wish you good luck and success with your training project in Chiang Mai.

Yours sincerely,

(Karn Chiranond)

Ambassador

Prof. Manfred Krames,

Mt.Breeze APP.,

37 4/1 Templers Rd.,

Mount Lavinia.

Abb. 18: Schreiben des thailändischen Botschafters an den Autor mit dem Wunsch, er möge Ayurveda in Thailand verbreiten.

15 Geister am Bangkoker Flughafen

Viele Häuser und Bürogebäude in Thailand haben einen Mini-Tempel neben dem Eingang stehen, wo die Geister des Hauses oder des Grundstücks wohnen. Der „Tempel“ ist nicht größer als ein großes Vogelhaus auf einem Pfahl. Jeden Morgen zündet jemand Räucherstäbchen an und reicht Wasser, Reis und Obst dar, als wäre das die normalste Sache der Welt. Anders als in Japan wird man nicht schief angesehen, wenn man über Geister oder Besetzungen spricht. Mit diesem Vorspann ist die nachfolgende Episode besser zu verstehen.

Als vor elf Jahren der neue Flughafen in Bangkok fertig wurde, sorgte eine Störung nach der anderen für Schlagzeilen. Nagelneue Gepäckbänder fielen aus, Rohre leckten, Toiletten funktionierten nicht, Computer streikten, und die frisch asphaltierte Landebahn hatte schon nach drei Wochen Risse. Es war gespenstisch und wochenlang Thema Nr. 1 in den Medien. Aufgrund der Störungen wurden Flüge storniert, und so mancher Fluggast musste nach der Ankunft vier Stunden auf sein Gepäck warten, obwohl alles neu installiert war. (Das erinnert an den neuen Berliner Flughafen.)

Was tat die Flughafenverwaltung? Unglaublich, aber man schloss den Flughafen für einen halben Tag und bat eine Gruppe von Mönchen, auf dem Gelände Zeremonien abzuhalten, um die bösen Geister zu vertreiben. In Deutschland wäre das undenkbar, aber in Thailand überwog damals die Zahl derer, die an Geistwesen glauben, oder zumindest über ihre Eltern und Großeltern davon wussten. Und so hat sich niemand darüber lustig gemacht. Gesagt, getan. Einen Tag nach der Zeremonie hatte der Spuk ein Ende. Alles lief wie am Schnürchen, wie die lokalen Zeitungen berichteten. Ein Foto der Mönche prangte auf der Titelseite vieler Medien.

Als ich später einen Mitarbeiter des neuen Bangkoker Flughafens darauf ansprach, sagte er, der neue Flughafen sei auf einem Grundstück gebaut worden, wo sich früher ein Friedhof befunden hatte. Zwar habe man die Gräber alle ordnungsgemäß verlegt, aber man habe wohl die Geister nicht um Erlaubnis gebeten, so er wörtlich. Ich war überrascht, dass dieser gebildete Mann davon sprach, als sei das die normalste Sache der Welt. Fremdeinwirkungen aus der geistigen Welt?

Doch dieses Erlebnis ist nur eines von vielen, das mich die Existenz von Geistwesen lehrte. Es erinnerte mich an die japanische TV-Doku mit den Geistern, die das Wachsen von Gemüse verhinderten, und die von einem Mönch auf die andere Seite geschickt wurden. In beiden Fällen hatte man aus Unkenntnis erdgebundene Seelen gestört. Alles nur dummer Aberglaube? Kommt das aus einer alten Kultur, wo einst jeder Depp an Geister glaubte? Ist das ein Überbleibsel eines vormals unzivilisierten, rückständigen Volkes (im Vergleich zum technisch überlegenen Westen)?

Allerdings gibt es im Katholizismus, also dem Glauben des „fortschrittlichen Westens“, die Tradition, für Verstorbene in der Kirche eine Messe abzuhalten, damit sie in den Himmel gelangen. Wenn ein Gebet diese Wirkung haben soll, muss man sich fragen, wo sich die Geister denn bis dahin aufgehalten haben. Indirekt gibt die Kirche damit zu, dass sich Geistwesen in einer Art Zwischenbereich aufhalten und da festgehalten werden, so wie es im fernen Osten seit Jahrtausenden angenommen wird. Doch nun zum Hammereffekt.

German professor arrives to spread knowledge of Ayurveda

Reinhard Hohler

Professor Manfred Krames arrived in Chiang Mai five months ago to promote Ayurveda in a local health resort. Part of that are special therapies of Ayurveda including one called Pinda-Sveda, using locally applied herbal bags dipped in warm milk.

It is interesting to note is that the Thais call their ancient medicine knowledge "Ayura-ved", indicating the roots of their knowledge to Indian Ayurveda. Buddhist monks brought the practice of 'Thai' massage from India and massages with hot herbal bags are now popular.

For Professor Krames, the mission is simple. He believes that for every disorder or unhappiness there is a reason, and to find the origin of this state of mind is important. Ayurveda aims to bring us back to our inner self. For that we have to clean our whole system and then balance body, mind and soul at the same time.

According to Indian Ayurveda, wrong food and eating habits cause most of our health problems. Your own diet has to be found and we must choose the food that matches our individual system and constitution. On that respect, Indian Ayurveda is compatible with the teaching of the Chinese Taoist health system and both systems have merits and advantages of their own.

Professor Krames, 42, was born in Trier, Germany and after school was educated in business administration. His early interest in Zen Buddhism brought him to Japan, where he went into a monastery near Kyoto for three years, later to work for the German company AEG/Telefunken in Tokyo. In 1989, he had his own trade company in Yokohama exporting Japanese tea to Germany. After having met an Indian Ayurveda expert, he went to Sri Lanka in 1993 and established a wellness resort in Kandy and studied Ayurveda there. His title was given by the Open University of Colombo.

Prof Manfred Krames

After working in several health businesses in Germany, he heard from friends that Chiang Mai will be developed as a center of wellness, health and Spa tourism, he decided to come to the East. If this was the right choice, time will tell.

For more information visit the web site www.interspa-ayurveda.com

Abb. 19: Eine thailändische Zeitung berichtet über die Aktivitäten des Autors.

16 Der deutsche Geistheiler

Einst erzählte mir Mona, eine erfolgreiche Krankengymnastin und gute Bekannte von mir, ihre zwanzigjährige Tochter habe monatelang nicht richtig schlafen können, weil sie Geister im Schlafzimmer wahrgenommen habe. Das Licht musste immer an bleiben. Da erfuhr sie von einem Geistheiler aus Bonn, der einen guten Ruf genoss. Herr Klos, so sein Name, kam angereist, machte bei ihr eine Hausreinigung, und siehe da, die Tochter konnte wieder schlafen.

Überkritische Leser mögen nun sagen, das war alles nur Einbildung oder ein Placebo-Effekt, bzw. die Tochter hatte das Gefühl, jemand löse ihr Problem, was ihr suggestiv ihre Angst nahm.

Was aber, wenn ich einen Betroffenen ohne sein Wissen „reinigen" lasse, und es tritt eine Besserung ein? Von Placebo-Effekt kann dann keine Rede sein. Das nämlich habe ich viele Male getan, weil ich Einbildung von vornherein ausschließen wollte. Ich wiederhole hier, dass ich selbst von Natur aus sehr skeptisch bin und von Aberglauben, Esoterik und Mystik überhaupt nichts halte. Außerdem sind mir schon Geistheiler begegnet, die sich zwar gut verkaufen konnten, aber keine medialen Fähigkeiten besaßen, also kein Resultat herbeiführten. Das war bei Herrn Klos nicht der Fall.

Ich ließ mir seine Telefonnummer geben und besuchte den guten Mann, der heute 84 Jahre alt ist. Vom ersten Eindruck her ein normaler Typ. Er hat Frau, Kinder, Enkel, fährt gern Auto, besitzt ein schönes Haus mit Garten, ist gebildet, war Beamter beim Arbeitsamt und diente viele Jahre bei der Bundeswehr, wo er Karriere machte ... bevor er auf seine medialen Fähigkeiten aufmerksam wurde und von da an eine Kehrtwendung vollzog. Herr Klos ist einer der wenigen Geistheiler im Westen, die weder mit Esoterik noch mit Religion etwas am Hut haben. Er kann Kontakte zu Verstorbenen aufnehmen und ist alles andere als verrückt. Ich würde für ihn jederzeit meine Hand ins Feuer legen.

Er besitzt unter anderem die Gabe, Menschen von Besetzungen zu befreien. Verzweifelte wenden sich an ihn, wenn der Geist von Verstorbenen noch herumirrt und Unruhe stiftet. Besetzte Häuser reinigt er, indem er die dort störenden Geister ins Licht schickt. Seine Erfolgsquote liegt bei über 95%, und er hat einen ausgezeichneten Ruf, auch in Österreich und in der Schweiz. Für seine wertvolle Arbeit nimmt Herr Klos Spenden, arbeitet ansonsten aber ehrenamtlich. Würde er profitorientiert arbeiten, wäre seine Fähigkeit in Gefahr, sagt er. Vieles von dem, was er sagt, deckt sich haargenau mit den Erkenntnissen von Master Bee in Thailand. Zwischen den Aussagen der beiden erkenne ich keinerlei Widersprüche.

Indem er sich mit den Seelen von Verstorbenen verbindet, kann er „sehen", wie diese verstorben sind. Fremde, die sich damit nicht auskennen, sind verblüfft, wenn er ihnen zum Beispiel sagt, wie deren Großvater gestorben sei. Ähnlich Begabte sind mir in Asien einige Male begegnet, buddhistische Mönche zum Beispiel. Doch in Deutschland fand ich bislang fast nur Pseudo-Geistheiler, Möchtegern-Hellseher und Esoteriker, sodass ich anfangs skeptisch war. Doch der Mann ist Weltspitze.

Abb. 20: Der Geistheiler Manfred Klos mit Manfred Krames

Vielen Klienten, darunter nicht wenige mit Depressionen, die ich zur „Bearbeitung“ zu ihm schickte, weil ich eine Besetzung vermutete, half er nachhaltig und absolut zufriedenstellend. Herr Klos hat persönliche Erfahrungen mit Engeln sowie mit der Christus-Energie gemacht, obwohl er weder religiös ist, noch einer Kirche angehört. Er bestätigt die Existenz dunkler Mächte, die in das Weltgeschehen eingreifen. Diese satanischen Wesen würden sich Menschen aussuchen, die leicht manipulierbar sind. (Persönliche Anmerkung: Bevorzugt werden führende, aber emotional instabile Politiker und Präsidenten. Die Antwort, warum Kriege entstehen, dürfte damit gefunden sein.)

Bei einem meiner Besuche bei Herrn Klos hörte ich zufällig ein Telefonat mit, bei dem ein Arzt anrief, einer seiner „Stammkunden“, wie er später sagte. Dieser arbeitet in einem Krankenhaus und wird alle zehn Tage von Fremdwesen besetzt, um deren Loslösung (Befreiung) er Herrn Klos dann bittet. *„Einer von vielen.“*, sagte Herr Klos. Das läge daran, dass in Krankenhäusern Patienten sterben, manchmal mitten in einer OP. Da sich die Sterbenden in Vollnarkose befänden, seien sie sich ihres Todes nicht bewusst und würden weiterhin ihrem behandelnden Arzt nachlaufen.

Auch ein Psychologe würde ihm regelmäßig schwierige Fälle weitergeben, bei denen er eine Besetzung vermutet. Selbstverständlich in absoluter Vertraulichkeit, denn wenn seine Kollegen oder die Ärztekammer davon Wind bekämen, wäre es aus mit seinem guten Ruf. In meinen Augen ist das ein äußerst trauriger Zustand, weil das Wissen über diese Dinge so nie Verbreitung findet. Dabei könnte vielen Menschen geholfen werden.

Als ich einen befreundeten Psychologen hierzu fragte, meinte dieser, dass Mediziner, die dafür offen sind, sofort in die Esoterik-Ecke gestellt würden. Das heißt, dass der Begriff „Esoterik“ bereits so negativ behaftet ist, dass man ihn nicht mehr benutzen kann. Das Wort „spirituell“ hat auch so einen dubiosen New-Age-Beigeschmack, der nicht gerade von Seriosität oder „Wissenschaft“ zeugt. Dabei sind Fremdwesen und Besetzungen Teil der deutschen Sprache. *„Welcher Teufel hat dich denn geritten?“* oder *„Bist du von allen guten Geistern verlassen?“* oder *„Man soll den Teufel nicht an die Wand malen.“* oder *„Das geht nicht mit rechten Dingen zu.“* oder *„Welche Macht hatte da wohl die Finger im Spiel?“* oder *„Du alter Quälgeist“* und dergleichen Sprüche stammen aus einer Zeit, als die Menschen noch Zugang hatten zur geistigen Welt.

Wussten Sie, dass die Hälfte aller Deutschen an Engel glaubt? Das geht aus einer Umfrage hervor, die im Internet zu finden ist. Nun, wenn es gute Engel gibt, warum soll es nicht auch „böse" geben? Schließlich leben wir in einer Welt der Polarität. Zu allem gibt es einen Gegenpol, eine Kehrseite: Ohne Nacht keinen Tag, ohne Hitze keine Kälte. Yin und Yang. Männlich und weiblich. Plus und minus. Positiv und negativ. Nordpol und Südpol. Insofern ist es nur logisch, wenn es neben guten Mächten auch destruktive, boshafte gibt, die unser inneres Licht löschen wollen. Es wäre meines Erachtens keine Schande, wenn wir offener wären für die Möglichkeit der Existenz von Angriffen von der „anderen Seite", also von Geistwesen.

Laut Herrn Klos, und das bestätigte die thailändische Nonne, werden nahezu alle Süchte durch Besetzungen ausgelöst bzw. von Geistwesen, die zu Lebzeiten süchtig waren und nun, zwecks weiterem Ausleben, einen Körper dafür suchen. Wer also zu Lebzeiten dem Alkohol verfallen war, sucht sich als erdgebundener Geist einen Lebenden, verführt ihn zum Trinken und genießt den Suff mit. Es verwundert daher nicht, dass die Rückfallquote bei Drogenabhängigen erschreckend hoch ist. Die mögen nach einer Entziehungskur eventuell clean sein, ist aber der alte Besetzer (als Geist) noch da, ist es nur eine Frage der Zeit bis zum nächsten Schuss. Das Gleiche gilt für Alkoholabhängige.

Zurück zu Herrn Klos: Ich hatte mal einigen meiner Klienten seine Telefonnummer gegeben. Seitdem rufen sie jede Woche bei ihm an und nerven. Kaum ist eine Besetzung aufgelöst, springen sie vor Freude, sind aber später erneut besetzt, weil ihre Aura nicht geschützt ist und sie die Ursache nicht geklärt haben. Es ist ja auch viel bequemer, einen anderen die Arbeit machen zu lassen. Deshalb gebe ich seine Nummer nicht mehr weiter. Wir alle müssen lernen, so zu leben, dass wir keine Quälgeister anziehen. Wir müssen stark sein und das Licht in uns scheinen lassen!

Das gelingt leider nicht immer, wenn wir materialistischen Dingen und dem Konsum frönen. Lassen Sie uns die Zeit reduzieren, die wir mit Handy, Internet und Fernsehen vergeuden und bewusst an unserer guten Energie arbeiten. Vor allem dürfen wir keine Angst in uns entstehen lassen. Das nämlich ist oberstes Ziel der destruktiven Mächte, und darum lösen diese dämonischen Wesen Kriege und Pandemien aus, lassen uns frieren und zittern. Angst blockiert unsere innere Stimme, wodurch wir von der göttlichen, der höheren Führungsmacht im Universum getrennt sind. In diesem Zustand sind wir schutzlos und werden zur leichten Beute.

Mit Herrn Klos führten mein Verleger und ich am 18.1.2023 ein Interview, in dem er mehr über seine Arbeit berichtet. Eine Zusammenfassung des Gesprächs finden Sie im Praxisteil.

17 Dr. Carl Wickland und seine Forschung

Ein befreundeter Psychologe drückte mir voriges Jahr ein Buch in die Hand mit dem makaberen Titel »Dreißig Jahre unter den Toten«, geschrieben von dem renommierten amerikanischen Psychiater Dr. Carl Wickland (geboren in Schweden), der die störenden Einflüsse von Geistwesen detailliert dokumentiert hat. Sie mögen nun denken: *„Na ja, die Amerikaner mit ihrem New-Age-Faible…"* – womit ich Ihnen Recht gebe. Doch Psychiater sind schulmedizinisch geprägte Ärzte mit Fachausrichtung. Hinzu kommt, dass der Originaltitel 1924 erschien, in einer konservativen Zeit. Der neue Gott nannte sich „Wissenschaft und Fortschritt" und war unantastbar. Dann wurde das Werk auch noch vom *National Psychological Institute* herausgegeben, was an sich eine Sensation ist.

Wovon handelt das Buch? Nachdem Dr. Wickland jahrzehntelang erfolgreich die verschiedensten psychischen und psychiatrischen Härtefälle therapiert und sich einen Namen gemacht hatte, wurde seine Frau auf ihre medialen Fähigkeiten aufmerksam. Im Klartext: Sie konnte Botschaften von Verstorbenen empfangen bzw. im Trancezustand Verstorbene sprechen lassen. Ihr Mann, anfangs skeptisch, überprüfte dieses Phänomen. Er suchte die Familien der Toten auf, um zu überprüfen, ob die Aussagen der Geistwesen zutrafen oder ob seine Frau am Durchdrehen war. Die Hinterbliebenen erklärten ihm, wie, wann und wo die Betreffenden verstorben waren, was sich stets mit den Durchgaben seiner Frau deckte.

Es gab Fälle von Verstorbenen, die einem gewaltsamen oder plötzlichen Tod zum Opfer gefallen waren, und von solchen, die sich nicht von einem geliebten Menschen trennen konnten. Sie alle blieben erdgebunden. So fand Dr. Wickland zum Beispiel heraus, dass ein unglückliches Ehepaar von einem Quälgeist (welch zutreffendes Wort) gestört wurde, und zwar durch den verstorbenen ersten Mann der Frau. Wickland fand einen Weg, über seine Frau mit dem Geist zu kommunizieren. In mehreren Sitzungen gelang es ihm, den Geist davon zu überzeugen, von seiner „Ex“ abzulassen und ins Licht bzw. auf die andere Seite zu gehen. Kaum war das erreicht, stellten sich der Hausfrieden und die Harmonie zwischen dem Paar wieder ein.

Die Fähigkeiten der Wicklands sprachen sich unter den Geistern herum. Einige von ihnen, die seit Jahrzehnten unter seelischen Qualen litten, zum Beispiel weil sie eine bestimmte Aufgabe zu Lebzeiten nicht zu Ende bringen konnten oder eine Tat sehr bereuten, wandten sich hilfesuchend an das Paar. Manchmal überbrachte Dr. Wickland in ihrem Auftrag einem Hinterbliebenen eine wichtige Botschaft. Einmal gab er die Hinweise eines Ermordeten an die Polizei weiter, damit der Täter überführt werden konnte. All das zeichnete er akribisch genau auf.

Manchmal wurde er zu Rate gezogen, wenn es um einen unerklärlichen Selbstmord ging, wie im Fall einer glücklich verheirateten Farmerin und Mutter von zwei Kindern. Geldsorgen gab es keine. Gesund war sie auch. Eines Tages fuhr der Mann in die Stadt zum Einkaufen und fand bei der Rückkehr seine Frau erhängt in der Scheune. Die Familie war gelähmt vor Schmerz, die Gemeinde fassungslos. Die Polizei stellte Untersuchungen an, fand jedoch keine Erklärung. Dr. Wickland bat den Geist der Erhängten über seine Frau, zu sprechen. Was dabei herauskam, hat selbst mich, der sich in „anderen Welten" etwas auskennt, in Erstaunen versetzt. Drei böse Wesen übten gemeinsam eine so starke manipulative Kraft auf die Frau aus, dass sie sich wie hypnotisiert einen Strick um den Hals legte und sich an einem Balken erhängte. Wie sehr sie sich nun nach ihren Kindern sehnte, wie sehr sie ihren lieben Mann noch einmal sprechen wollte ... sie war außer sich vor Scham und Reue. Doch die Macht der drei schwarzen Seelen, die schon zu Lebzeiten viele Menschen ins Unglück gestürzt hatten, sei überwältigend gewesen. Anschließend hätten die drei einen Freudentanz aufgeführt. Sie beschrieb Dr. Wickland, der all diese Fälle dokumentierte, deren hämisches Gelächter. In manchen Fällen gelang es ihm, den Übeltätern ihre sinnlose, grauenvolle Tat vor Augen zu führen, sie zu Reue zu bewegen und auf die andere Seite zu schicken.

Dr. Wickland fand heraus, dass auch Gewaltverbrechen, sexuelle Hörigkeit und Vergewaltigungen von Geistwesen angestiftet werden. **Die Besetzten müssen allerdings eine gewisse Schwäche bzw. Anfälligkeit mitbringen.** Ein entlassener Arbeiter, der eine Wut gegen seinen ehemaligen Chef in sich trägt, ist leichter zu beeinflussen und zu besetzen als ein glücklicher und zufriedener Mensch, der keiner Fliege etwas zu Leide tun kann, obwohl auch das nicht unmöglich ist. Nach dem universellen Resonanzgesetz „*Gleiches zieht Gleiches an*" finden sich beide: der wütende Entlassene (oder Betrogene) und die erdgebundene Seele, die durch die Besetzung ihres „Gleichgesinnten" nun all ihre negativen Emotionen oder kriminellen Energien voll ausleben kann.

„*Verrückt!*“, werden Sie nun denken, weil das Geistwesen ja nicht lebt, sondern tot ist. Aber das weiß es nicht – im Gegenteil! Durch die Besetzung emotional labiler, psychisch schwacher Menschen fühlt es sich lebendiger denn je. Die Opfer verlieren allmählich die Kontrolle über ihre Sinne, geben sich Sex-Orgien hin oder foltern andere wie im Rausch zu Tode, zerhacken die Leiche in kleine Stücke und essen sie auf ... und verstehen am nächsten Tag nicht, wie sie dazu in der Lage sein konnten. Die von Reportern befragten Nachbarn sind völlig entsetzt. „*Nein!! Der?! Dieser liebe, nette, gut gekleidete junge Mann, der immer so höflich grüßte?! Ich kann es nicht glauben! Welcher Teufel hat den nur geritten?*“

Hat der Täter Glück, kommt er wegen einer Affekthandlung oder psychischen Störung bzw. aufgrund von „limitierter Schuldfähigkeit“ mit einer milden Strafe davon. Wer würde ahnen, dass er aus einer anderen Welt heraus manipuliert wurde? Letzteres ist naturgemäß schwer nachzuweisen. Der Täter mag nach der verbüßten Strafe als sozialisiert und „geheilt“ gelten, aber solange die Besetzung nicht eliminiert ist, wird er zum Wiederholungstäter. Justiz und Gesellschaft stehen erneut vor einem Rätsel; Psychiater sind mit ihrem Latein am Ende. Die Ausführungen Dr. Wicklands decken sich haargenau mit dem, was ich von dem deutschen Geistheiler und der thailändischen Nonne gelernt habe. Ist es denn so schwer, diese Dinge anzunehmen?

18 Sein letztes Tor

Als der beliebte deutsche Nationaltorwart Robert Enke sich am 10.11.2009 das Leben nahm, diskutierte ganz Deutschland über Depressionen. Man sagte dem beliebten Torwart einen sensiblen Charakter nach. Hatte sein Psychologe versagt? Hätte man das früher erkennen müssen? Taugen Anti-Depressiva letztendlich doch nichts? – dergleichen Fragen kursierten in allen Medien. Die etwas nachdenklicheren Reporter erwähnten dann, er habe wohl den Tod seiner schwerkranken Tochter im Jahr zuvor nicht verkraftet.

Für mich war der Fall klar: Er wollte sich mit seiner Tochter vereinen. Das geschieht auf höchst subtiler, seelischer Ebene. Die Betroffenen mögen sich dessen nicht einmal bewusst sein. Auch ist nicht immer erkennbar, von wem es ausgeht. War es der Hinterbliebene, in diesem Fall der Berufssportler Enke, der sich im innersten seiner Seele nach seiner Tochter sehnte, oder war es die Tochter auf der „anderen Seite", die ihren Vater zu sich rief? Die schulmedizinische Psychologie distanziert sich von dieser Betrachtungsweise, da sie ihr zu religiös oder zu unwissenschaftlich erscheint.

Leider ist Derartiges wissenschaftlich kaum belegbar, aber genauso wenig nachzuweisen sind Homöopathie, Kinesiologie oder die bioenergetischen Kräfte Vata, Pitta und Kapha. Und doch wirken sie im Menschen und sind seit 5.000 Jahren das Standbein der Ayurveda-Lehre. Die Akupunktur galt in Europa bis vor wenigen Jahrzehnten als Unfug. Wie kann man durch das Stimulieren unsichtbarer Punkte auf unsichtbaren Energiekanälen Heilung erzielen? Heute gibt es dank vieler Heilerfolge und großer Nachfrage in Deutschland prozentual mehr Akupunktur-Ärzte als in China.

Besteht vielleicht doch noch Hoffnung, dass alle unsichtbaren Welten eines Tages angenommen werden? Oder sind wir in den Händen der Wissenschaft, statt umgekehrt?

Bedenkt man, dass gemäß meiner Erfahrung und die vieler anderer, nahezu alle schweren Depressionen sowie Suizide von Fremdwesen, also geistigen Anhaftungen, beeinflusst werden, könnte man Millionen helfen, indem wir diese Fälle an fähige Experten leiten. Süchte werden von Verstorbenen ausgelöst, die zu Lebzeiten von Drogen oder Alkohol nicht loskamen und sich nun ein Opfer suchen, durch dessen Körper sie erneut ihrer Sucht nachgehen. Die hohe Rückfallquote bei Entziehungskuren zeigt, dass die Schulmedizin in einer Sackgasse steckt.

Psychosomatische Störungen machen rund 80% aller Erkrankungen in Deutschland aus. Man muss für psychologische Hilfe bis zu fünf Monate Wartezeit in Kauf nehmen, so überfüllt sind entsprechende Praxen und Kliniken. Und in Japan ist Suizid die häufigste Todesursache – noch vor Krebs –, wo doch die Japaner einst als gesündeste Rasse galten. Es wird endlich Zeit, dass wir den Einfluss von Geistwesen ernst nehmen.

Hätte Enkes Psychologe sich mit Besetzungen ausgekannt und mit einem Geistheiler zusammengearbeitet, der beliebte Torwart wäre heute möglicherweise noch unter uns, und seine

Tochter wäre ins Licht geschickt worden, so wie die thailändische Nonne und Herr Klos das tun. Das verdeutlicht, wie materialistisch die Menschen in den Industrieländern Deutschland und Japan geworden sind. Nicht, weil sie es von Natur aus sind, sondern weil sie entsprechend geformt, genormt und gedrängt werden, und zwar in eine Richtung, die der Industrie und Wirtschaft zugute kommen, damit unser Land weiterhin die Lokomotive in der EU sein darf. Aber hat es die Menschen glücklich gemacht? Zahlen wir letztendlich nicht einen viel zu hohen Preis für die Unterdrückung unserer Seele, unseres Herzens, unseres Gespürs?

19 Mit Sutras gegen Depression

Wie anfangs im Kapitel über meine medial veranlagte Frau erwähnte, hatte ein buddhistisches Sutra, ähnlich den indischen Mantras, ihre Besetzer teilweise abgeschreckt. Auf Japanisch nennt man sie *O-Kyo*, das sind buddhistische Sprechgesänge, denen eine bestimmte Wirkung nachgesagt wird, ähnlich einem Gebet. Eines, das sich besonders bei Besetzungen und erdgebundenen Seelen bewähren soll, nennt sich *Maka Hannya.*

Im Internet (YouTube) fand ich unter vielen nur eines, das Wirkung bei meinen Klienten zeigte – siehe[(1)]. Man spürt förmlich, dass die Mönche, die es singen, Leib und Seele hineinlegen. Mehrere Japaner, denen ich den Link sandte, gaben an, dass es ihnen danach besser ging. Noch bessere Resultate erzielen die, die gleichzeitig den Text lesen, da Kanji (chinesische Schriftzeichen) die Bedeutung der Wörter hervorheben und damit die Wirkung verstärken. Bei Nicht-Japanern ist die Heilung nicht ganz so gut, weil sie keinen Bezug zu den Kanji haben. Bei einigen harmlosen Besetzungen erhielt ich dennoch ein positives Feedback. Wie gesagt, die Besetzten taten nichts anderes, als das O-Kyo mit ungeteilter Aufmerksamkeit zu hören, doch die Wirkung ist zu schwach, um sie im Westen als Lösung zu verbreiten.

Mein spektakulärster Fall war der Top-Manager eines großen TV-Senders, den ich in Osaka beriet. Er wusste nicht mehr weiter mit seinem siebzehnjährigen Sohn. Der wurde dermaßen aggressiv gegenüber seinen Eltern, dass die Mutter auszog. Ich schickte ihm den Link zu dem O-Kyo und empfahl, es so laut wie möglich abzuspielen, wenn der Sohn zu Hause ist. Drei Tage später rief er mich an und teilte mir aufgeregt mit, dass etwas Unglaubliches geschehen sei. Er habe das O-Kyo über Lautsprecher abgespielt. Kurz darauf sei sein Sohn mit Kleidung unter die Dusche gelaufen, habe kalt geduscht und dabei geschrien. Dann lief er in sein Zimmer, schlug mit dem Kopf mehrere Male gegen die Wand und brach zusammen. Der Vater war geschockt und konnte nicht glauben, was er da sah. Zum Glück waren die Verletzungen des Sohnes nur geringfügig. Als er wieder zu sich kam, erinnerte er sich an nichts, und seine Aggressionen waren verschwunden. Wieso er als Japaner noch nie von diesem O-Kyo gehört habe, fragte er mich. Und warum müsse ausgerechnet ein Deutscher ihm davon erzählen? Diese Frage hätte ich selbst gerne beantwortet, erwiderte ich.

Ich bat ihn darum, dieses Erlebnis über seinen TV-Sender zu verbreiten, weil es vielen Menschen helfen könnte, doch er lehnte ab. Andere, denen ich half, wollten auch nicht an die Öffentlichkeit, aus Angst vor dummem Gerede und Stigmatisierung. Das hat mich sehr enttäuscht. Ist die Gesellschaft in Japan so materialistisch geworden, dass kein Platz mehr ist für diese Dinge?

Apropos, der vom deutschen Co-Piloten der *Germanwings* am 24.3.2015 „absichtlich“ herbeigeführte Absturz über den französischen Alpen, den keiner der 150 Passagiere überlebte, wurde von einer dämonischen Besetzung ausgelöst, wie mir zwei renommierte Geistheiler bestätigten. Genauso wie die Amokfahrt eines Besetzten, der in Trier ahnungslose Spaziergänger überfuhr.

Nach meiner Japan-Zeit bin ich wieder in Deutschland gewesen, weil hier meine Tochter zur Welt kam. Die folgende Episode stammt aus dieser Zeit.

Abb. 21: Das Fachbuch „Vata-Syndrom“, erschienen im ML-Verlag, wurde zum Standardwerk unter Anhängern der Alternativ-Medizin, wenn es um die geistig-seelische Gesundheit geht. Es enthält alle Aspekte der Pathogenese, Diagnose und Therapie psychosomatischer Erkrankungen, inkl. Ernährungsplan und Therapien zur Selbstanwendung.

20 Schutzengel in Aktion

Etwas Furchtbares ereignete sich, als meine Tochter vier Jahre alt war. Sie saß vor einem dreibeinigen Eckschrank aus schwerem Kirschholz, etwa 1,80m hoch. Ich ließ beide Flügeltüren weit offen und hängte ein großes Badetuch zum Trocknen darüber. Als die Kleine so dasaß, begann sie am Badetuch zu ziehen. Als es nicht nachgab, zog sie kräftiger, was den Schrank zum Kippen brachte. Er fiel der Länge nach mit lautem Krachen genau auf sie drauf – von ihr keine Spur. Glas- und Holzsplitter überall. Sie muss tot oder schwerstverletzt unter dem schweren Schrank liegen, schoss es mir durch den Kopf. Ich war so von einem tödlichen Ausgang überzeugt, dass ich bereit war, aus dem Fenster zu springen, um ihr zu folgen.

Ich stemmte den schweren Schrank hoch, was viel Kraft erforderte, denn mein Herz setzte aus und meine Hände zitterten. In Erwartung einer Blutlache sah ich das Unfassbare. Meine Prinzessin saß da im Schneidersitz, heil, und schaute mich an.

Das oberste Fach des Schrankes hatte sich millimetergenau über sie gestülpt, ohne sie zu verletzen. Hätte sie nur einen halben Zentimeter anders gesessen, es wäre ihr Tod gewesen. Da brach ich zusammen vor Dankbarkeit. Es war ein Wunder geschehen. Gleich neben meiner Goldmaus stand eine meterhohe Holzstatue von Krishna, die ich einmal aus Indien mitgebracht hatte, und die direkt auf meine Tochter blickte. Intuitiv wusste ich, dass der Geist der Statue uns beiden das Leben gerettet hatte. Ich ging „vor Krishna" auf die Knie und dankte von ganzem Herzen.

Laut einer Internet-Umfrage glaubt etwa jeder zweite Deutsche an Engel, wie schon erwähnt. Das ist viel. So gibt es Menschen, denen die Heilige Maria erschienen ist. Mitten im Wald habe sie genau vor ihnen gestanden – und das, obwohl diese Menschen ein weltliches Leben führten und nie in die Kirche gingen. Manche Begegnungen sind so tiefgehend, dass die Betroffenen ihr Leben ändern. Wenn all diese Dinge in Europa möglich sind, sollten wir vielleicht besser nicht die Ur-Japaner und andere asiatische Völker belächeln, die mit ihrem geistigen Auge Gottheiten und Geister sehen.

Es gibt viele Arten von Wahrnehmung. Nicht umsonst spricht man im Deutschen von einem „siebten Sinn“, den man übrigens in Asien und Amerika als „sechsten Sinn“ bezeichnet. Verfügen die Deutschen etwa doch über ein besonderes Gespür, eine besondere Gabe? Wenn ja, warum lassen wir uns diese ausreden, und weshalb unterdrücken wir sie? Haben wir denn so viel an Selbstwertgefühl verloren, dass wir willig und hörig zu einer Kolonie Amerikas werden, ähnlich den Japanern?

Ich traf mehrere Mütter, die hautnah miterlebten, wie ihr Kind von einem Engel oder einer Schutzmacht gerettet wurde, entgegen aller Logik, entgegen allen Naturgesetzen. Oder man höre sich ein Werk von J. S. Bach an oder von Mozart. Glauben Sie wirklich, das alles entstand durch Nachdenken, ohne Inspiration von Oben? Nachfolgend (Abb. 22) ein Zitat von Ludwig van Beethoven:

Beethoven wurde vor der Höhe seiner Karriere taub, was unvorstellbare seelische Qualen auslöste. Zudem durfte er seine Angebetete nicht heiraten, weil ihre Eltern die Heirat verboten hatten. Krank und depressiv beschloss er, sich das Leben zu nehmen. Doch nach dem Schreiben seines Abschiedsbriefes, der bis heute erhalten ist, änderte er seine Absicht. Man kann annehmen, seine Schutzengel haben eingegriffen und den Komponisten auf seine Lebensaufgabe hingewiesen bzw. ihm Hoffnung und Mut gemacht.

„Liebe,
und einzig die Liebe,
ist in der Lage,
Dir ein glücklicheres Leben zu geben.“

21 Sind die Deutschen vom Mond?

Auf den ersten Blick wirken die Deutschen der Neuzeit weniger spirituell und frei denkend, sie wirken zunehmend eher systemtreu, obrigkeitshörig und praktisch veranlagt. Doch das war nicht immer so. Goethe zum Beispiel war ein Esoteriker und Naturverehrer ohnegleichen. Philosophen wie Schopenhauer, Kant und Hegel revolutionierten mit ihren Erkenntnissen halb Europa. Man spricht vom „deutschen Idealismus" und dem sogenannten „Volk der Dichter und Denker". Die hoch geistige Musik von J. S. Bach ist beinahe schon außerirdisch, und auch die Werke von Mozart berühren unsere Seele so tief, dass man meinen könnte, sie kämen aus einer anderen Welt. (Mozarts Geburtsort Salzburg gehörte seinerzeit zu Deutschland. Mozart selbst bezeichnete sich als „typisch Deutscher".)

Doch nun zum Mond, der in Frankreich, Italien und Spanien weiblich ist, zumindest von der Grammatik her. Auch in der griechischen Sprache, die ähnlich der deutschen über drei Artikel verfügt, ist dieser Himmelskörper weiblich. Was soll er auch sonst sein bei seiner weichen, sanften, lieblichen Erscheinung? Die chinesische Sprache hat zwar keinen Artikel, ordnet den Mond aber als absolutes „Yin" ein (Prinzip der Weiblichkeit).

Allen Weisheiten zum Trotz sagt man in Deutschland DER Mond. Finden Sie das nicht eigenartig? Oder übt der Mond eine solche Kraft aus, dass er deswegen maskulin erscheint – weil „er" uns aktiv beeinflusst? Fühlen sich die Deutschen ihm unterlegen, in dem Sinn, dass er ihre Gefühle lenkt? Be*herr*scht er unsere Gefühle, Wahrnehmungen und Entscheidungen, sodass wir etwas Maskulines in ihm sehen? Das wäre ja grundsätzlich nichts Negatives.

Leider gibt es heutzutage kaum noch Menschen, die den Vollmond bewundern, oder Goethe lesen, oder Bach hören. Stattdessen starren Millionen auf Computer- und kleine Handy-Bildschirme. Natürlich stammen die Deutschen nicht vom Mond, doch ihre Antenne für geistige, feinstoffliche Dinge war einst fast so ausgeprägt wie die der Japaner. Und was wäre die Erde ohne den Einfluss des Mondes? Es gäbe keine Gezeiten, keinen hellen Nachthimmel, keinen Monatszyklus, keine vier Jahreszeiten, und deswegen auch weniger Erfinder und Denker, die sich vom Mond inspirieren lassen.

Könnte es sein, dass die Deutschen gerade wegen ihrer mystischen, „außerirdischen" Ader auch die größten Komponisten der Welt hervorgebracht haben? Dann aber muss man sich fragen, was aus dieser Gabe geworden ist. Wo ist sie geblieben? Geht es uns nicht letztendlich so wie den Ländern Asiens, allen voran Japan, die im Schatten ihrer Anpassung an die USA ihre Kultur, ihre mentale Gesundheit und ihre Verwurzelung verloren haben?

Die Deutschen fühlen und denken tief, tauchen in die Welt der anderen ein und können sie verstehen, was vielleicht mit ihrem Mond-Aspekt zusammenhängt. In keinem anderen Land wird von so vielen Ärzten Akupunktur und Homöopathie angewandt wie in Deutschland, dicht gefolgt von der Schweiz. Nirgendwo sonst gibt es mehr Yoga- und Ayurveda-Anbieter.

Der japanische Forscher Dr. Masaru Emoto wies fotografisch nach, dass Wasser auf Schwingungen reagiert und seine Kristalle verändert, eine Entdeckung, die weltweit bestätigt und wertgeschätzt wird. Doch seine Karriere hat er den Deutschen zu verdanken, die sein Wissen begeistert aufgriffen und verbreiteten, wie mir sein Sohn mitteilte – so, wie es ja auch mit Reiki geschah.

Abb. 23: Der Autor mit dem Sohn von Dr. Emoto, der die Reaktion von Wasser auf Schwingungen fotografisch nachwies, Tokio 2017.

Auf Sri Lanka freundete ich mich einst mit einem achtzig Jahre alten Mönch an, der wegen eines Augenleidens in meiner Klinik war. Wie sich herausstellte, war Asoka Weeraratna, so sein Name, der Gründer des ersten buddhistischen Tempels in Europa, des *Buddha-Hauses* in Berlin, das es heute noch gibt. Der ehrwürdige Asoka sprach fließend Deutsch und sagte einmal, von allen Völkern würden die Deutschen die Lehre Buddhas am ehesten verstehen. Es sei für ihn kein Zufall, dass viele Deutsche sich auf Sri Lanka wie zu Hause fühlten und mit Singhalesen schnell Freundschaft schlössen.

Doch das Tiefgründige und Spirituelle wurde innerhalb der letzten Jahrzehnte verdrängt durch eine amerikanische „Kultur" der Oberflächlichkeit, die immer mehr in die Köpfe der Heranwachsenden einzieht. Es gibt keine Gegenbewegung, weil Wirtschaft alles ist, was für die Regierung zählt. Ganz anders Frankreich, wo geistige Werte und französisches Kulturgut einen weitaus größeren Stellenwert einnehmen.

Warum verspielen die Deutschen ihren einstigen Vorteil? Diese gottgegebene Antenne, ähnlich wie bei den Japanern, wäre gerade jetzt, in Zeiten feinstofflicher Probleme, dringend notwendig. Die Krankenversicherung, eine typisch deutsche Erfindung, wurde 1883 von Bismarck gegründet, zum Wohle aller Beschäftigten. Später folgten andere Länder. In völligem Kontrast hierzu steht das Patentieren von Saatgut gemäß amerikanischem Vorbild, wodurch Getreide- und Maisanbauer Höchststrafen zahlen müssen, wenn sie versehentlich Saatgut verwenden, auf dem ein Patentschutz liegt. Diese Art der skrupellosen Geschäftemacherei und Rechthaberei hat längst in Deutschland Einzug gehalten, womit sich Anwälte an Disputen dumm und dämlich verdienen. Geld ist Macht. Und wer Macht hat, gewinnt.

Die deutsche Sprache ist „esoterischer“ als jede andere. Wörter wie ***übereinstimmen*** oder ***stimmig sein*** haben die ***Stimme*** als Kern, meist in Bezug auf die „innere Stimme“, auf die wir vielleicht öfters mal hören sollten. Das ist weltweit einmalig. Wenn unser Leben im ***Einklang*** mit der Natur und unserer Umwelt ist, bedeutet dies, es erzeugt einen (1) Klang. Man stelle sich die Tiefe dieser Einsicht vor. Das Wort ***Berufung*** hat den ***Ruf*** als Kern. Wird in unserer lauten Welt dieser Ruf überhaupt noch wahrgenommen?

Vom Kern her wären die Deutschen prädestiniert, um im feinstofflichen Bereich weltweit führend zu sein, was auch der Psychologie zugute käme. Stattdessen wird ein amerikanisches Leidbild (absichtlich mit „d“ geschrieben) übernommen, das für alle psychischen und neurologischen Abläufe die passende chemische Formal parat hat bzw. ein künstliches Medikament.

Die Parallele zwischen Japans Werteverlust gleich nach Ankunft der Amerikaner und Deutschlands spiritueller Talfahrt nach Kriegsende ist so offensichtlich, dass es schon weh tut. Die Deutschen brauchen dringend eine Gegenbewegung, wenn sie nicht so enden wollen wie die Japaner, eine Selbstmordnation, die ohne Psychopharmaka kaum noch überlebensfähig ist. Das Gleiche sagt man übrigens auch über die Amerikaner, die täglich Pillen schlucken, als wären sie gefärbte Schokolade oder Vitaminbonbons.

Doch lassen Sie uns auf dem Boden der Tatsachen bleiben. Diese Entwicklung lässt sich nun mal nicht ohne Weiteres rückgängig machen, und die Politik wird in den nächsten 50 Jahren nicht einlenken, eben weil es dort an „geistigen“ Kapazitäten fehlt. Wichtig erscheint mir zunächst, dass wir uns der Ursachen bewusst sind. *„Richtiges Verstehen führt zu richtigem Handeln.“*, sagte Buddha. Wenn wir verhindern wollen, dass die Evolution stehen bleibt, und dass wir vor lauter Materialismus abstumpfen und zu Robotern werden, müssen wir Einflüsse und Faktoren meiden, die diese Flachgeistigkeit auslösen. Hiervon handelt das nächste Kapitel.

Abb. 24: Ein Buch mit therapeutischer Wirkung

22 Werdet wie die Kinder …

Die Konditionierung unseres Denkens beginnt in der Grundschule. Schritt für Schritt werden uns bestimmte „Werte“ eingetrichtert, und unsere Art zu denken wird auf die Logik reduziert, damit wir später Industrie und Wirtschaft von Nutzen sind und Geld verdienen können, und durch unsere Steuerzahlungen und Sozialabgaben den Staat am Leben erhalten.

Als kleine Kinder hatten wir sie noch, die innere Stimme. Wer sich an die Anfänge seines Erdendaseins zurückversetzt, erinnert sich vielleicht, wie er hinter die Maske von Erwachsenen schauen und ihre Energien und Absichten wahrnehmen konnte. Ja, manche von uns erinnern sich daran, mit Engeln gesprochen zu haben. In der Schule wurde uns das intuitive Denken und Fühlen ausgeredet. Wir wurden umprogrammiert. Hier fällt mir ein Zitat von Jesus ein, das ich irgendwo aufgeschnappt habe: „*Werdet wie die Kinder, und euer ist das Himmelreich.*“ Doch haben wir noch Kontakt zu unserem inneren Kind?

Spätestens seit die Menschheit dank Röntgenaufnahmen in Körper hineinschauen oder dank Mikroskopen Blutgruppen und Bakterien erkennen kann, hat sich eine Denkweise durchgesetzt, die nur das Materielle, Sichtbare und Beweisbare als gültig anerkennt. Damit kann man überzeugend argumentieren, Forschung betreiben und Wirkstoffe entwickeln, die für die Pharmaindustrie nützlich sind. Der Mensch in seiner Ganzheit geriet in den Hintergrund, ja, man vergaß, dass er einen Geist, eine Seele besitzt.

Studierte Forscher, denen man ungern widersprach, erklärten Contergan und Amalgan für völlig unbedenklich. Was daraus wurde, weiß jeder. Und was die Corona-Impfstoffe angeht, so hieß es am Anfang auch, dass alles bedenkenlos sei – inzwischen leiden Millionen Menschen am „Post-Vac-Syndrom“, verständlicher ausgedrückt „Impfschäden“! Wie viele Ernährungsrichtlinien und Diäten gibt es auf der Welt, die erst von Wissenschaftlern gepriesen und wenige Jahre später als ungesund verteufelt wurden?

„Intelligente“ Virologen, denen die künstliche Veränderung von Viren oder die Manipulation von Genen gelingt, gelten als Helden. Ihre Arbeiten werden mit Preisen nominiert. Genau diese Art seelenloser Forschung führte zur Entstehung von Covid-19 und der Situation, in der wir uns seitdem befinden. Hätten sich die chinesischen Militärs, denen die Labore in Wuhan unterstehen, mit Konfuzius oder Laotse oder mit dem Taoismus befasst, sie wären lieber gestorben, als ein Killer-Virus in Auftrag zu geben.

Es ist ja nicht so, dass der Mensch von Natur aus keine Wahrnehmung für Geistwesen hat. Seine (Um-)Programmierung lässt es nur nicht zu, weil für diese Dinge in einer Leistungsgesellschaft kein Platz mehr ist. Pseudo-Sicherheit und Konsum stehen an oberster Stelle. Käme Jesus oder Buddha in unsere Welt zurück, inkognito, man würde sie als Esoteriker beschimpfen oder in die Psychiatrie einliefern. Unsere Regierung würde deren YouTube-Botschaften löschen, und die Tagesschau würde sie als „Verschwörungstheoretiker“ beschimpfen. Das meine ich nicht als Scherz. Es würde wirklich so ablaufen.

Einer Regierung, die nur auf materielle Werte und Wirtschaftswachstum abzielt, traue ich alles zu, auch eine gezielte Manipulation. Ich will hier keine Kritik an der Politik betreiben, sondern unser aller Bewusstsein erweitern und darauf hinweisen, dass wir in Zeiten großer seelischer und gesundheitlicher Not vom Staat keine echte Lösung erwarten können. Das Einzige, was uns rettet, ist die innere Stimme. Vertrauen wir besser unserem Gespür, nicht der Tagesschau und nicht der Tageszeitung!

Abb. 25: Der Autor in jungen Jahren als Klinik-Leiter in Sri Lanka, 1995

23 Die innere Stimme

Seit dreißig Jahren befasse ich mich mit fernöstlicher Medizin und Ayurveda, und war als Berater für unzählige japanische, thailändische und indische Patienten tätig. Durch die vielen Anamnesen und Beratungen lernte ich, dass Krankheiten vorprogrammiert sind, sobald wir unsere innere Stimme ignorieren. Wer gegen sein Gespür handelt und lebt, entfernt sich von seiner „eingebauten Führung" und von seinem Seelenplan. Man bedenke: Dr. Wickland wurde von zahlreichen Geistwesen kontaktiert, die deshalb erdgebunden blieben und verzweifelt umherirrten, weil sie zu Lebzeiten eine Arbeit oder Aufgabe nicht zu Ende gebracht hatten. Voller Reue wünschten sie sich in ihre Körper zurück, um das Verpasste nachholen zu können.

Was also müssen wir dank unseres Lebens auf Erden zu Ende bringen, was erledigen, damit wir frei sind und in Frieden auf die andere Seite gelangen? Wer künstlichen Zielen nachläuft oder sich vom Geld versklaven lässt, kann unmöglich seine wahre Berufung finden und irrt womöglich als feinstoffliches Wesen Hunderte von Jahren unglücklich umher, bis er von jemandem erlöst oder gerettet wird. Welch ein trauriges Schicksal!

Man kann sämtliche Gesundheitslehren über Bord werfen, wenn man seiner inneren Stimme folgt. Ein typisches Beispiel war eine Dame, die neulich zu mir zur Beratung kam. Sie war 45, sah wie 65 aus und hatte Wind-Krankheiten (Vata-Störungen) ohne Ende, von Inkontinenz bis Schlaflosigkeit sowie eine starke Faltenbildung. Den ganzen Winter über habe sie Sprudel, also Mineralwasser mit Kohlensäure, getrunken (Gase erhöhen Vata). Sie sei bei einer Ernährungsberaterin gewesen, der sie erzählte, dass sie Leitungswasser oder Tees trinke. Darauf habe die „Expertin" entsetzt gesagt, da seien ja keine Mineralien drin – Sprudel sei viel besser. Also zwang sich die Frau, Sprudel zu trinken, obwohl ihr das gar nicht behagte. Sie hatte ihre Gesundheit und ihr Aussehen eingebüßt, weil sie auf andere Leute hörte statt auf sich selbst. Ich könnte mit solchen Fällen ein ganzes Buch füllen, auch von unglücklich verheirateten Frauen, die offen zugaben, trotz Warnlampen zum Traualtar geschritten zu sein.

Wenn Sie jemandem zum ersten Mal begegnen und dabei ein ungutes Gefühl im Bauch spüren, fangen Sie nichts mit diesem Menschen an! Auch dann nicht, wenn er oder sie mit Engelszungen auf Sie einredet oder sonst wie versucht, auf Teufel komm raus (welch zutreffender Ausdruck) Ihr Vertrauen zu gewinnen. Ich habe viele Fälle erlebt, bei denen „intelligente" Menschen sich zugrunde richteten, weil sie auf andere hörten statt auf sich selbst.

Vergessen Sie alles, was Sie je über gesunde Kost und Diäten gehört haben. Wer an einem Buffet vorbeigeht und an den aufgedeckten Speisen riecht, muss nur auf seinen Körper hören, der genau weiß, was ihm gut tut und was nicht. Tun Sie etwas nur deshalb auf Ihren Teller, weil es als Delikatesse gilt, viel kostet oder schwer zuzubereiten ist, also der Kopf Ihr Körpergefühl ausschaltet, wird es Ihnen schaden. Meist ist es mit einem kurzen Unwohlsein oder einer schnellen Darmentleerung getan. Manch andere Dummheit aber kann das ganze Leben zerstören.

Wenn Ihnen Ihr Bauchgefühl sagt, Sie sollen die von Ihrem Arzt vorgeschlagene OP besser nicht durchführen lassen, hören Sie darauf! Wenn Ihre Warnlampe angeht, kurz bevor Ihnen jemand einen Impfstoff in den Arm injizieren will, stehen Sie auf und gehen Sie unverzüglich nach Hause! Ich habe in meinen Gesundheitszentren mit vielen Kurgästen gesprochen, die erkannten, warum sie krank oder unglücklich geworden sind. „*Hätte ich doch damals nur auf meine innere Stimme gehört!*", bekam ich dutzendfach zu hören.

Am Ende unseres Lebens gibt es nichts Schlimmeres als Reue, als das Eingeständnis, im entscheidenden Augenblick wider unserem Impuls gehandelt zu haben. Denn wir können niemand anderem die Schuld dafür geben. Unsere innere Stimme ist ein Geschenk des Himmels und mit unserem Unterbewusstsein verknüpft. Manche sagen *Intuition* dazu, andere *Bauchgefühl*, *siebter Sinn* oder *Gespür* – die Bezeichnung ist unwichtig.

Wenn wir unter diesem Aspekt die Geschichte mit Adam und Eva betrachten, sind sie doch eigentlich aus dem Paradies vertrieben worden, weil sie sich von Satan haben beeinflussen lassen. So gesehen ist die Ursünde das Ignorieren der eigenen inneren Stimme bzw. das Zulassen von Manipulation. Fromme Katholiken mögen nun einwenden, dass es die Stimme (bzw. Anordnung) Gottes war, die von den beiden ignoriert wurde, aber das macht für mich keinen Unterschied, da die innere Stimme mit der göttlichen verbunden ist. Es läuft auf dasselbe hinaus.

Die Sache mit Adam und Eva kommt übrigens auch im Koran vor. Ich habe mich oft gefragt, was uns diese symbolische Bildersprache sagen will, denn Gott, falls es einen gibt, würde niemals jemanden bestrafen, nur weil er einen Apfel isst. Nein, die beiden haben sich im Prinzip selbst bestraft, weil sie sich von Satan haben manipulieren lassen, der in Gestalt einer Schlange erschien.

Im Koran steht, die größte Sünde sei, sich manipulieren zu lassen, und dass die finsteren Mächte alles versuchen würden, um die Menschen zu beeinflussen. Wir sollten wirklich tagtäglich hinterfragen, ob wir so leben, denken und entscheiden, wie es unserem Gespür bzw. unserer Natur entspricht, oder ob wir beeinflusst werden von der Gesellschaft, den Medien, der Familie oder der Angst. Nur wenn wir von Innen heraus denken und handeln, sind wir stark und kaum manipulierbar.

24 Der Himmel verpasst mir einen Tritt

2019 reiste ich in den Schwarzwald zum Gästehaus eines Klosters. Ich, ein Gegner aller Religionen! Doch bei einem Übernachtungspreis von 45 Euro inkl. Frühstück in wunderschöner Umgebung akzeptierte ich ausnahmsweise eine Bibel im Zimmer. Das Ding sperrte ich sofort im Schrank weg. Am dritten Tag fiel wegen einer Störung das Internet aus, und ich hatte nichts zu lesen dabei. Als ich so dalag und nicht einschlafen konnte, griff ich notgedrungen zu der Bibel, schlug widerwillig irgendeine Seite auf und hoffte, vor Langeweile sofort einschlafen zu können. Da las ich folgenden Text:

„Als sie auf der anderen Seite des Sees die Gegend um Gadara erreichten und Jesus aus dem Boot stieg, lief ihnen ein Mann entgegen. Dieser Mensch wurde von Dämonen beherrscht und lebte in Grabhöhlen. Er war so wild, dass er nicht einmal mit Ketten gebändigt werden konnte. Sooft man ihn auch fesselte und in Ketten legte, jedesmal riss er sich wieder los. Niemand wagte sich in seine Nähe. Tag und Nacht hielt er sich in den Grabhöhlen auf oder irrte in den Bergen umher. Dabei tobte er und schlug mit Steinen auf sich ein.

Kaum hatte er Jesus gesehen, warf er sich vor ihm nieder, und es schrie laut aus ihm: ‚Was willst du von mir, Jesus, du Sohn Gottes? Ich beschwöre dich beim Allerhöchsten, quäle mich nicht!' Jesus hatte nämlich dem Dämon befohlen: ‚Verlass dein Opfer, du teuflischer Geist!» Da fragte ihn Jesus: ‚Wie heißt du?' Der Dämon antwortete: ‚Mein Name ist Legion, denn nicht nur ich, sondern viele von uns beherrschen diesen Menschen.' Immer

wieder bat er Jesus: «Vertreibe uns nicht aus dieser Gegend!» Nicht weit entfernt an einem Abhang wurde gerade eine große Herde Schweine gehütet. ‚Lass uns in diese Schweine fahren', bettelten die Dämonen. Jesus erlaubte es ihnen. Jetzt ließen die bösen Geister den Mann frei und bemächtigten sich der Schweine, die den Abhang hinunter in den See stürzten. Und alle zweitausend Tiere ertranken.
Verstört liefen die Hirten in die Stadt und berichteten überall, was geschehen war. Viele kamen nun am See zusammen, um sich selbst zu überzeugen. Sie sahen den Mann, den die vielen Dämonen gequält hatten. Er war gekleidet wie jeder andere und saß ganz ruhig neben Jesus. Da wurde ihnen unheimlich zumute. Die Leute aber, die alles mit angesehen hatten, erzählten, wie der Besessene geheilt wurde und was mit den Schweinen geschehen war. Daraufhin baten die Leute Jesus, er möge ihre Gegend wieder verlassen.“

Markus 5, 1-17

Ich traute meinen Augen kaum. Irritiert blätterte ich zwei Seiten weiter und fand zu meiner Überraschung Folgendes:

„Als sie zu den anderen Jüngern zurückkamen, sahen sie eine große Menschenmenge um sie versammelt und Schriftgelehrte, die mit ihnen stritten. Sobald die Leute Jesus sahen, liefen sie in großer Erregung auf ihn zu und begrüßten ihn. Er fragte sie: Warum streitet ihr mit ihnen? Einer aus der Menge antwortete ihm: Meister, ich habe meinen Sohn zu dir gebracht. Er ist von einem stummen Geist besessen; immer wenn der Geist ihn überfällt, wirft er ihn zu Boden, und meinem Sohn tritt Schaum vor den Mund, er knirscht mit den Zähnen und wird starr. Ich

habe schon deine Jünger gebeten, den Geist auszutreiben, aber sie hatten nicht die Kraft dazu.
Da sagte er zu ihnen: O du ungläubige Generation! Wie lange muss ich noch bei euch sein? Wie lange muss ich euch noch ertragen? Bringt ihn zu mir!
Und man führte ihn herbei. Sobald der Geist Jesus sah, zerrte er den Jungen hin und her, so dass er hinfiel und sich mit Schaum vor dem Mund auf dem Boden wälzte. Jesus fragte den Vater: Wie lange hat er das schon? Der Vater antwortete: Von Kind auf; oft hat er ihn sogar ins Feuer oder ins Wasser geworfen, um ihn umzubringen. Doch wenn du kannst, hilf uns; hab Mitleid mit uns! Als Jesus sah, dass die Leute zusammenliefen, drohte er dem unreinen Geist und sagte: Ich befehle dir, du stummer und tauber Geist: Verlass ihn, und kehr nicht mehr in ihn zurück!
Da zerrte der Geist den Jungen hin und her und verließ ihn mit lautem Geschrei. Der Junge lag da wie tot, so dass alle Leute sagten: Er ist gestorben. Jesus aber fasste ihn an der Hand und richtete ihn auf, und der Junge erhob sich. Als Jesus nach Hause kam und sie allein waren, fragten ihn seine Jünger: Warum konnten wir den Dämon nicht austreiben? Er antwortete ihnen: Diese Art kann nur durch Gebet ausgetrieben werden.“

Markus 9, 14-29

Wie konnte es sein, dass ich von allen Texten ausgerechnet diese zu lesen bekam? Ich, der nie etwas von der Bibel hielt, wurde nun eines Besseren belehrt. Hundert Seiten weiter las ich:

„Als die Sonne an diesem Abend unterging, brachten die Dorfbewohner ihre kranken Angehörigen zu Jesus. Viele waren auch von Dämonen besessen; diese fuhren aus den Menschen aus und

schrien dabei: »Du bist der Sohn Gottes.« Doch weil sie wussten, dass er der Christus war, verbot Jesus ihnen zu reden.“

Lukas 4, 40-41

Da wurde es mir zu viel. Ich warf das Buch in den Schrank zurück und rief: „*Halleluja!*“.

Seit diesem himmlischen Fußtritt habe ich eine Frage, die mich nicht mehr loslässt: Wenn die Bibel voll ist mit solchen Episoden, wobei ich bei weiterem Stöbern sicher noch mehr gefunden hätte, warum verdrehen dann Menschen mit christlicher Erziehung die Augen, wenn ich von Dämonen und erdgebundenen Seelen spreche? Warum ist die Existenz von Geistwesen so schwer anzunehmen, wenn doch deren eigene Religion quasi danach schreit, diese Kräfte zu akzeptieren? Da rege ich mich seit Jahren über die Japaner auf, die ihre Familienmitglieder mit Psychopharmaka vollstopfen, statt die Existenz von Geistwesen zu akzeptieren, finde aber in der eigenen Kultur das gleiche Dilemma.

Kürzlich warf ich einem hochrangigen Priester genau das an den Kopf. „*Warum klärt die Kirche nicht endlich mal in dieser Hinsicht auf?*“, konfrontierte ich ihn. Da sagte er, die Kirche wisse um diese Dinge, würde jedoch im Verborgenen arbeiten, aus Angst, in die Schublade „Esoterik“ gesteckt zu werden, denn alles, was mit hochgeistigen, spirituellen Dingen zu tun habe, würde die Allgemeinheit ohnehin schon als „unseriös“ und „abgefahren“ ansehen. Der Stempel „Esoterik“ wäre das letzte, was die Kirche gebrauchen könne. Ich verstand. Aber damit ist keinem geholfen.

Eine weitaus größere Gefahr sehe ich durch die Einwirkung von Dämonen. Diese haben keinen Körper und brauchen daher Lebende, die ihre Boshaftigkeit umsetzen. Doch warum tun sie das?

Abb. 26: Der Verleger Jan van Helsing, Prof. Krames und Manfred Klos nach dem Interview am 18.1.2023.

25 Das Wesen von Dämonen

Die meisten Heiler erklären es so: Alles im Universum sehnt sich nach Energie. Auch Dämonen wollen an Einfluss und Energie zunehmen. Da sie sich von der göttlichen Kraftquelle abgewendet haben (ich vermeide das Wort „Gott“, weil es einen religiösen Touch hat), zapfen sie die Energie von seiner Kreation ab – von uns Menschen. Im Klartext: Sie ziehen unser Licht ab. Der Besetzte bzw. Angegriffene muss dazu erst seiner Abwehr beraubt werden, seiner Verbindung nach oben (zum Göttlichen oder zu seinem höheren Selbst). Das Göttliche ist Licht und Liebe. Das Gegenteil davon ist Angst.

Sobald ein Mensch von Angst ergriffen ist, funktioniert seine innere Stimme nicht mehr. Er macht Fehler, läuft in die falsche Richtung, klammert sich an Irrlehren und falsche Propheten, kann Wahrheit nicht mehr von Unwahrheit unterscheiden. Er ist im Prinzip verloren, da auch die göttliche (kosmische) Führung nicht mehr funktioniert. In zweiter Instanz blockiert dieser Zustand sein Immunsystem, d.h. auf Dauer wird er krank.

Total geschwächt und getrennt von göttlicher Hilfe ist er nun eine leichte Beute. Unter dem Verständnis dieser Faktoren ergeben Kriege und Pandemien einen ganz anderen „Sinn“. Sie sollen Furcht und Panik auslösen, damit sich Dämonen millionenfach an uns bedienen können. Aus diesem Grund manipulieren Dämonen Politiker. Auch Forscher werden für diesen Zweck missbraucht, indem man ihre Erforschung der Atom-Spaltung unterstützt (von der geistigen Ebene aus) oder ihnen zeigt, wie man Viren mutieren lässt (SARS, Covid), um eine Pandemie auszulösen. Das Endziel ist aber nicht die Pandemie. Diese soll nur die Menschen verängstigen. Das eigentliche Schreckensszenario kommt danach, was auch immer es sein mag.

Leider lässt es sich nicht vermeiden, dass einige Leser nun Angst bekommen, doch das wäre das Letzte, was ich möchte. Seien Sie sich der Abläufe einfach nur bewusst. Und seien Sie informiert, dass hinter der momentanen Fassade Kräfte am Werk sind, die uns schwächen wollen, die unser Licht auslöschen wollen. Deswegen ist es von wesentlicher Bedeutung, dass wir keinesfalls Angst bekommen dürfen!

Wenn der Gegenpol zu Licht und Liebe die Angst ist, dann ist umgekehrt die Liebe die größte Waffe dagegen. Liebe hat die höchste Schwingung. Der beste Schutz ist somit, sich mit hoher Schwingung, mit Licht und Liebe zu umgeben, egal in welcher Form. Achten Sie auf ALLE Einflüsse unter diesem Aspekt. Meiden Sie fortan Musik mit niederer Schwingung (Techno, Heavy Metal, Punk etc.) sowie entsprechende Filme und Fernsehsendungen. Meiden Sie Chemie in Essen, Kleidung, Luft, Arznei und Kosmetik. Reduzieren Sie Tabak und Alkohol, ebenso Elektrosmog, so weit es geht. Meiden Sie auch Menschen, die Ihnen nicht gut tun!

Umgeben Sie sich gezielt und bewusst mit Menschen, die Ihre Energie anheben und Freude auslösen. Gönnen Sie sich Umarmungen, liebevolle Berührungen und Massagen. Auch beim Sex kann man bewusst Liebe verströmen, statt reiner Triebbefriedigung nachzugehen. Versöhnen Sie sich mit Ihren Eltern, falls der Kontakt bislang problembehaftet war. Sie müssen Ihre

Eltern nicht unbedingt lieben, aber seien Sie frei von Hass und Ärger. Eine neutrale Einstellung ist besser als eine negative.

Die dunklen Mächte werden in naher Zukunft wiederholt versuchen, durch Katastrophen und Schreckensmeldungen Angst zu säen. Die Zahl willensschwacher Politiker und solcher, die keinen Verstand haben, wird zunehmen, da solche von der dunklen Seite begünstigt und unterstützt werden. Der Schein wird noch mehr trügen als bisher. Und sollte der Teufel tatsächlich eines Tages unter uns erscheinen – rein hypothetisch –, dann garantiere ich Ihnen, dass er von niemandem als solcher erkannt wird. Er wird die Güte in Person sein und mit Engelszungen auf uns einreden. Denn ein entlarvter Teufel hat keine Gewalt über uns. Die Manipulation ist seine stärkste Waffe. Darum seien Sie stark! Folgen Sie Ihrem Gespür, Ihrem Bauchgefühl. Das ist der einzig verlässliche Indikator bei Entscheidungen.

26 Kriege aus geistiger Perspektive

Wie schon zuvor beschrieben, bedarf es einer gewissen Schwäche und Anfälligkeit, um von Geistwesen besetzt zu werden. Das bezieht sich ebenso auf die dunkelste Sorte, die Dämonen. Wer zu Jähzorn oder Aggressionen neigt, wird in den Händen von Dämonen schnell zu deren Werkzeug. Das hat mir die thailändische Ex-Nonne so gesagt, und das ist auch Teil von Dr. Wicklands Erkenntnissen. Herr Klos, der deutsche Heiler, hat dies bestätigt.

Doch was haben Dämonen davon? Die Antwort ist einfach. Sie ergötzen sich am Leid anderer. Verzweiflung, Schmerz und Elend unter den Menschen, wie zum Beispiel bei einem Krieg, lösen bei ihnen orgastische Freuden aus. Damit dieser Festschmaus ein Erfolg wird, gehen sie in Gruppen vor. Gnade und Erbarmen kennen sie nicht.

Allerdings haben sie keinen Körper, um selbst ein Messer in die Hand zu nehmen oder um den roten Knopf für einen Raketenstart zu drücken. Sie müssen daher Menschen in entsprechenden Positionen manipulieren. Bevorzugt werden Generäle, Präsidenten, Forscher in den Händen des Militärs und dergleichen, besonders solche, die sich insgeheim nach Macht, Rache oder Ego sehnen. Charakterlich starke Führer, wie zum Beispiel Abraham Lincoln und J. F. Kennedy, die sich für Frieden einsetzen und der dunklen Macht im Weg stehen, werden brutal beiseite geschafft.

Dschingis Khan, Stalin, Mussolini, der japanische Kaiser und andere wurden zu Marionetten des Bösen. Ihr Erfolg beruhte auf der Unterstützung aus der (negativen) geistigen Welt. Allein hätten sie es nie geschafft. Das erfuhr ich von mehreren Schamanen und Geistheilern. Dabei wissen Dämonen ganz genau, welche Schwäche die Besetzten haben, und wie sie deren wunden Punkt für sich ausnutzen können. Gleichzeitig muss der Widerstand der Massen gebrochen werden, was durch Säen von Angst und Unsicherheit geschieht, sowie durch Spaltungen der Gesellschaft.

Oder nehmen wir den Russland-Ukraine-Konflikt: Putin war immer pro-westlich eingestellt und pflegte die russisch-deutschen Beziehungen mehr als jeder vor ihm. Seine Schwäche war, Illoyalität und Hinterhältigkeit auf den Tod nicht ausstehen zu können. Ja, er konnte dann zu einem Feuer speienden Monster mutieren, wie ich seiner Biografie entnahm. Die Tatsache, dass mehrere deutsche Staatsmänner ihm gegenüber ihr Ehrenwort brachen, indem sie NATO-Übungen vor der Haustür Russlands durchführten und eine entsprechende Erweiterung nach Osten anstrebten – entgegen allen Zusagen –, und dass dann auch noch Frau Merkel die Ukraine in die EU einlud, war für Putin schlimmer als ein Messerstich von hinten. Wenigstens hätte man sich mit ihm absprechen sollen. (Diese Erkenntnis beruht auf meiner persönlichen Analyse.)

Fakt ist nun, dass es, um einen Krieg zu führen, mindestens zwei Seiten benötigt, damit es dazu kommt. Und auf beiden Seiten befinden sich Menschen, die ein Ego haben, die Prinzipien vertreten, die möglicherweise enttäuscht, in der Ehre gekränkt oder in die Ecke gedrängt sind – und das bietet Einfallstore für Fremdwesen, für Dämonen, um zu wirken. Doch auch politische Führer haben jederzeit die Wahl, auch die gute, die lichte Seite um Hilfe zu bitten, den Schutzengel beispielsweise, um einen Weg aus dem Schlamassel zu finden. Doch leicht ist das nicht...

Als ich kürzlich einen Dokumentarfilm über den Brand von Notre Dame (Abb. 27) sah, war mir sofort klar, welche Mächte da ihre Finger im Spiel hatten. Die Türen zum Brandherd waren verschlossen, der Schlüssel konnte nicht gefunden werden, der Verwalter war „zufällig" außerhalb von Paris, auf dem Weg zur Kathedrale verpasste er den Zug, sein Fahrrad ging kaputt, die Feuerwehr wurde durch Autos blockiert und und und. Da muss eine ganze Horde von Dämonen aktiv gewesen sein.

Doch sollten wir den „schwarzen Peter" wirklich den Teufeln zuschieben? Immerhin haben auch diese ihre Daseinsberechtigung, sonst gäbe es sie nicht. Liegt es nicht daran, dass wir unachtsam und nachlässig geworden sind und uns allzu schnell ablenken lassen, und dass wir Verantwortung einfach abgeben? Wie viele Zeitbomben, also dämonisch Besetzte, sind wohl unter uns, darauf wartend, die Sau rauszulassen? Es sind Mitmenschen, die eine Enttäuschung nicht verkraftet haben, von ihrem Partner ohne Warnung verlassen wurden, denen fristlos gekündigt wurde, oder die im Leben einfach keine Perspektive mehr sehen. Ihr Licht ist erloschen, und damit sind sie die perfekten Helfer und Helfershelfer der dunklen Seite geworden. Sollten wir diese Zeitbomben nicht besser entschärfen?

Vielleicht sollten wir mehr kollektive Verantwortung zeigen und diesen armen Seelen helfend unter die Arme greifen, statt zu denken: „*Irgendeiner wird sich schon um den kümmern. Wozu gibt es Psychologen und Seelsorger?*" oder „*Was habe ich damit zu tun? Ich habe meine eigenen Sorgen.*" Indem wir einfach die Verantwortung abgeben und nichts tun, wächst das schwarze Loch in den Seelen der Zerknirschten weiter, bis es dann unter dem Einfluss satanischer Wesen zu einer grauenvollen Tat kommt. Die Zeitungen sind voll von Meldungen über Amokfahrer, Messerattacken auf offener Straße, Erschießungen in Schulen durch „harmlose" Mitschüler, über Besetzte mit Maschinengewehr, die plötzlich in amerikanischen Restaurants auftauchen.

Doch konzentrieren wir uns auf das Licht in uns und lassen dieses hell leuchten, statt Dämonen unsere Aufmerksamkeit zu schenken. Dieses Licht ist die einzige Waffe gegen das Dunkle, gegen die manipulierenden Mächte, gegen das Böse, das nur deshalb so gefährlich ist, weil es unbemerkt bleibt und im Verborgenen arbeitet. Wer die dunklen Mächte aufdeckt, wird sofort von ihnen attackiert, denn sie sind nur stark wenn sie unerkannt bleiben.

Folgendes fiel mir und Herrn Klos bei Besetzten auf: Alle trugen ein Problem mit sich herum in Form irgendeines Ärgernisses, das ihnen nicht aus dem Kopf ging – eine Enttäuschung, eine große Sorge und dergleichen. Vereinfacht könnte man sagen, dass Fremdwesen mit Vorliebe an solchen Menschen haften, die ängstlich, verärgert, verzweifelt, d.h. emotional instabil sind, während die Optimistischen, Mutigen und Entschlossenen höchst selten angegriffen werden.

Mit einer niederen, negativen Stimmung zieht man anscheinend Wesen mit ähnlicher Stimmung an, nach dem Prinzip „*Gleiches zieht Gleiches an*". Wer zum Beispiel zu Tobsuchtsanfällen oder Eifersucht neigt, zieht unweigerlich Geistwesen an, die zu Lebzeiten selbst so waren. Ein Mann, der von seiner Frau verlassen oder gar umgebracht wurde wegen eines anderen, wird sich womöglich so sehr nach Rache sehnen, dass er als Geist den beiden erst mal das Leben zur Hölle machen wird. Zudem wird er sich an eifersüchtige Männer hängen und sie in ihrer Eifersucht bestärken. Die gehen dann mit der Axt auf ihre untreuen Frauen los und verstehen am nächsten Tag nicht, wie sie dazu in der Lage sein konnten. „*Ich kam mir wie fremdgesteuert vor…*", sagen alle solchen Täter.

Die Zeitungen sind voll von schockierenden Meldungen über grausame Taten, bei denen „unbescholtene Bürger“ wie im Blutrausch Spaziergänger mit dem Messer angegriffen haben oder mit dem LKW in eine Menschenmenge gerast sind. Ohne Fremdsteuerung bzw. Besetzung macht das keiner, es sei denn, er hat ein Motiv, was aber bei den meisten Amokläufen und -fahrten nicht der Fall ist.

Einige dieser Täter sind Flüchtlinge aus Kriegsgebieten. Man behauptet dann, die seien wegen Depressionen in Behandlung gewesen, so dass eine psychische Störung vorliege, doch das ist nur die Spitze des Eisberges. Kriegsgebiete sind voll von destruktiven, böswilligen Geistwesen, die sich am Leid anderer laben. Dass so mancher Flüchtling diese Besetzer nach Europa mitbringt, liegt für Geistheiler quasi auf der Hand. Ich selbst hatte diesbezüglich ein Erlebnis, das so einschneidend war, dass es mir für den Rest meines Lebens reicht. Ich weiß seitdem ohne jeglichen Zweifel, dass es auf Erden teuflische Kräfte gibt. Nicht, weil ich daran glaube, sondern weil ich sie mit meinem geistigen Auge gesehen habe.

Folgendes war geschehen: Genau vor meinem Fenster fuhr ein Amokfahrer in Passanten hinein, tötete sechs und verletzte zwanzig andere Menschen. Streng gesehen tötete nicht *er* sie, sondern die Gruppe von Dämonen, die ich sofort erkannte, und die mein Blut gefrieren ließen. Ich stand eine Stunde unter Schock – nicht wegen dem Anblick der Verletzten, sondern wegen dem, was ich energetisch wahrnahm. Es war schrecklich.

Einer allein ist oft zu schwach, um es mit den Mächtigen aus der geistigen Welt aufzunehmen. Darum bitte ich oftmals zusammen mit einem guten Freund für die Heilung anderer, was relativ oft funktioniert. Diesen Rat lege ich jedem ans Herz, der anderen helfen will, mit oder ohne Besetzer als Ursache. Bitten Sie das Göttliche (oder das Universum, die Engel etc.) gemeinsam bzw. gleichzeitig um Unterstützung, am besten in einer kleinen Gruppe, und Sie werden staunen, was das ausmacht. Man sollte dabei eine weiße Kerze anzünden und natürlich alle Handys ausschalten.

Wenn wir uns dieser Mechanismen bewusst sind, verlieren sie an Wirkung. Vertrauen Sie dabei Ihrem Gespür. Einflussreiche Menschen und die Medien wollen uns vermehrt einreden, es gebe keine unsichtbare Welt, und dass Homöopathie, Anthroposophie und alles, was mit unserer Seele zu tun hat, irrsinnig, unwissenschaftlich, gefährlich, fiktiv sei, und bestenfalls in die Kirche gehöre. Diese Manipulatoren verdunkeln den geistigen Horizont der Massen und wollen uns wissenschaftshörig machen. Seien Sie auf der Hut! Wir steuern auf dunkle Zeiten zu, in denen Eingebungen und Ahnungen uns mehr helfen werden als alle Logik dieser Welt.

Kommentar von Dr. Dr. Walter von Lucadou, dem Leiter der parapsychologischen Beratungspraxis Freiburg

„Es erreichen mich seit vielen Jahren unzählige Anfragen von Hilfesuchenden, die eine Besetzung als Ursache vermuten. Doch nur bei rund einem Drittel ist eine Besetzung bzw. ein Introjekt, wie ich es nenne, auch wirklich die Ursache.
Das Problem liegt darin, dass viele sich mit einem Begriff oder einer Betrachtungsweise identifizieren, die der Psychomarkt anbietet. Aus der Fülle narrativer Angebote und Möglichkeiten suchen sich die Notleidenden oft eine Form aus, die ihr Problem am ehesten in Worte kleidet. Diese Einkleidung verleitet dann dazu, die eigene Problematik, die kaum in Worte zu fassen ist, in die von Außen gelieferte Antwort zu projizieren. So bekommen z.B. viele Antwortsuchende eingeredet, ihr Problem stamme aus einer früheren Geburt, oder ihr Leben sei mit einem Fluch belegt, den nur bestimmte Leute auflösen könnten.
Ich sage nichts gegen die Reinkarnationstheorie, oder dass es keine Vorleben gäbe, aber bei genauer Analyse des Problems stellt sich dann doch heraus, dass die Ursache im jetzigen Leben liegt. Man muss Betroffenen lange zuhören, um an ihr eigentliches Problem heranzukommen. Das ist Aufgabe von Therapeuten bzw. geschulten Beratern.

Ich selbst komme aus der systemischen Psychologie und orientiere mich an der systemisch-theoretischen Betrachtungsweise, mit der man viele Ursachen erfassen kann.

Nun muss ich sagen, dass die Einkleidung von Problemen in „plausible" Begriffe keineswegs eine Tendenz der Esoterikszene alleine ist, sondern auch unter Psychologen falsch gehandhabt wird.

So werden z.B. Patienten, die länger als sechs Monate unter einer Trauer leiden, mit einer Depression diagnostiziert, obwohl es durchaus Menschen gibt, die länger zum Verarbeiten einer Trauer benötigen, ohne deshalb depressiv zu sein im medizinischen Sinne.
Erst im näheren Gespräch bzw. dem Befassen mit den Betroffenen wird klar, ob eine Besetzung durch Geistwesen vorliegt, die es selbstverständlich gibt, und die nicht auf Einbildung beruht, oder ob die Ursache im Umfeld liegt, in einer falschen Lebensweise, oder sonstige negative und störende Einflüsse vorhanden sind.

Trotz beachtlicher Forschungsergebnisse auf diesem Gebiet (oder vielleicht gerade deswegen) wurden die von der Landesregierung Baden-Württemberg bewilligten Gelder an die parapsychologische Beratungsstelle nach nun 30 Jahren urplötzlich kommentarlos allesamt gestrichen. Ich halte den Kurs, den unsere Regierung zurzeit fährt, für falsch und kontraproduktiv.
Bei Ihrer beratenden Tätigkeit wünsche ich Ihnen, Herr Krames, weiterhin viel Erfolg!"

27 Das letzte Wort hat eine berühmte Schweizerin

Gleich nach Hermann Hesse und Henry Dunant, dem Begründer des Roten Kreuzes, zähle ich sie zu den am meist gefeierten Schweizern: **Dr. med. Elisabeth Kübler-Ross**, international bekannte Ärztin, Psychologin und Sterbeforscherin. Sie bekam von amerikanischen Universitäten zusätzlich 20 Ehrendoktorade, erhielt über 70 internationale Auszeichnungen und wurde vom *TIME Magazine* zu den 100 größten Wissenschaftlern des 20. Jahrhunderts gekürt. Ihre 25 Bücher wurden in 40 Sprachen übersetzt.

In ihrer Autobiographie »Das Rad des Lebens« beschreibt sie unter anderem die 5 Phasen des Sterbens (hierüber allein verfasste sie ein weltweit anerkanntes Fachbuch). Über Phase 3 schreibt sie: *„Unter der Führung ihres Schutzengels traten meine Gesprächspartner dann in die 3. Phase ein. Sie gingen durch eine Art Tunnel oder Übergangstor. Diesen Übergang schufen sie mit ihrer psychischen Energie, und am Ende erblickten sie ein strahlendes Licht. Während sie sich mit ihrem Schutzengel dem Ausgang näherten, spürten sie, wie eine starke Wärme und spirituelle, überwältigende Energie von diesem Licht ausstrahlte. Dieses Licht war für sie die höchste Quelle der kosmischen Energie. Einige nannten es Gott oder Christus oder Buddha, aber alle stellten übereinstimmend fest, dass sie in ein Gefühl überwältigender Liebe eintauchten…"*

Doch das dickste Ei kommt noch!

Im Kapitel „Der Beweis“ beschreibt sie, wie sie sich die neue Fotokamera ihres Mannes, der ebenfalls Arzt war, heimlich ausgeliehen und damit einen Geist fotografiert hatte. Sie berichtet: *„Zurück im Hotelzimmer nahm ich die besagte Kamera und fuhr zu einer Wiese am Waldrand, fand dort eine Lichtung und setzte mich nieder. Auf dem Film in der Kamera waren noch drei Bilder übrig. Drei Fotos: Beim ersten nahm ich den Hügel mit dem Wald ins Visier. Vor dem zweiten rief ich mit lauter, herausfordernder Stimme: ‚Wenn ich wirklich einen Geistführer habe und du mich hören kannst, zeige dich auf dem nächsten Bild!‘ Dann drückte ich auf den Auslöser. Das letzte Bild ging daneben…“*

Einen Monat später flog sie nach Chicago, wo sie von ihrem Mann angerufen wurde. Ich zitiere weiter: *„Er: ‚Du musst meine Kamera doch benutzt haben.* (Anm.: Er hatte ihr das nicht erlaubt gehabt.) *Ich habe die Fotos entwickeln lassen, und da ist ein Bild am Ende, das doppelt belichtet wurde...‘*

Plötzlich erinnerte ich mich an mein Experiment. Ich forderte ihn auf, so schnell wie möglich nach Hause zu kommen. Wenn ich die Bilder nicht mit eigenen Augen gesehen hätte, so würde ich das, was darauf zu sehen war, nie geglaubt haben. Die erste Aufnahme zeigte die Lichtung und den Wald. Auf der zweiten war genau die gleiche Szenerie abgebildet, aber im Vordergrund stand ein hoch gewachsener, muskulöser, stoisch dreinschauender Indianer mit über der Brust gekreuzten Armen. Mit ernstem Gesicht blickte er direkt in die Kamera, und er schien keineswegs zum Spaßen aufgelegt… Diese Fotos würden zu den Dingen gehören, die ich mein ganzes Leben lang wie einen Schatz hüten und bewahren würde…“

Da berichtet also eine in aller Welt anerkannte Expertin auf dem Gebiet der Palliativmedizin von Schutzengeln (ohne Religion) und fordert ihren persönlichen auf, sich zu zeigen, was sich fotografisch manifestiert. Ihr Beweisfoto wäre garantiert um die ganze Welt gegangen, wäre es nicht wenige Zeit danach einem Hausbrand zum Opfer gefallen. Ihr gesamtes Hab und Gut ging dabei in Flammen auf, schreibt sie, wobei ich mich frage, ob die geistige Welt absichtlich das Feuer auslöste, um unerkannt zu bleiben.

Davon mal abgesehen, ist ihre Aussage glaubhaft. Schließlich ist sie, wie auch meine Wenigkeit, weder Esoteriker noch am Verkauf von Sensationen interessiert. Die Frage, die ich mir hier stelle, ist folgende: Wenn absolut vertrauenswürdige Ärzte, inklusive Dr. Wickland, von der Existenz von Geistwesen berichten, warum tun wir uns dann immer noch so schwer, diese Mächte anzunehmen? Denn es gibt sie. Es gibt sie wirklich! Und nein, ich sage das nicht, um bei Lesern eine kribbelnde Be-***geist***erung oder Euphorie auszulösen. Ich möchte auch nicht, dass man diese Wesen in einen Topf tut mit Außerirdischen und UFOs und dergleichen.

Es geht darum, dass es neben den Quälgeistern und Dämonen eben auch gute Kräfte gibt, die uns in Zeiten großer Not helfend zur Seite stehen. Darum geht es. Wir können unser Leben damit vergeuden, haarsträubende Geschichten über Dämonen und Teufel zu lesen, wie diese unsere Politiker beeinflussen usw., was durchaus der Realität entspricht, gehen dann zitternd ins Bett und wachen mit negativen Gedanken auf. Schlimmer noch: Durch das Befassen mit der dunklen Macht geben wir ihr Aufmerksamkeit. Aufmerksamkeit ist Energie!

Wir haben die Wahl, den Rest unseres Lebens mit Angst und Panik vor den Quälgeistern davonzulaufen, oder mit Mut und Zuversicht unsere Schutzgeister (bzw. Engel) anzurufen und diese um Beistand zu bitten – oder deren Boss, Jesus, der mich mehr als einmal gerettet hat.

Schade ist in diesem Zusammenhang nur, dass ich, sowie Millionen andere, eine Aversion gegen alles Religiöse haben, und ich mich mit Begriffen wie *Jesus* oder *Gott* mein Leben lang schwer tat, da sie einen kirchlich-christlichen Touch haben. Diese Aversion ist derart stark, dass viele Deutsche den Begriff „Universum" vorziehen. Vergessen Sie die Mega-Sekte Kirche einfach. Die wahre Christus-Energie hat nichts mit ihr zu tun. Vertrauen Sie den Erfahrungen zahlreicher Menschen, oder noch besser, machen Sie Ihre eigenen.

Hin und wieder gehe ich in eine Kirche. Keinesfalls wegen des Pfarrers und seiner hohlen Reden, sondern weil Kirchen ein Ort meditativer Stille und innerer Einkehr sind, wo man ungestört mit seinen geistigen Führern sprechen kann. Probieren Sie es doch mal aus.

Wir müssen unser Leben mit Liebe und Freude füllen, wenn wir die bevorstehenden dunklen Zeiten überstehen wollen, und zwar so, dass wir vor lauter Liebe keine Angst mehr bekommen. Hiervon handelt mein Buch »Beethovens Neunte und der Schrei nach Liebe«. Wir dürfen das Licht nicht ausgehen lassen, weder in uns noch in unserem Umfeld. Der Schlüssel hierzu ist Achtsamkeit. Wer aber permanent auf sein Handy starrt, hat keinen Blick für die Nöte seiner Nachbarn. Diese Massenhypnose ist von der dunklen Seite so gewollt. Sie verblödet die Massen, macht sie willensschwach und blind. Ich kann verstehen, dass es

Freude bereitet, auf einen leuchtenden Bildschirm zu blicken, der uns etwas mitteilen will. Doch wir sollten uns besser auf das Licht IN UNS konzentrieren und DIESES hell leuchten lassen. Dieses Licht ist die einzige Waffe gegen das Dunkle, gegen die manipulierenden Mächte, gegen das Böse, das nur deshalb so gefährlich ist, weil es unbemerkt bleibt und im Verborgenen arbeitet.

Abb. 28: Die Wicklands, Pioniere auf dem Gebiet der Fremdbeeinflussung. Ihre Arbeit wird bis heute hoch angesehen und gilt als absolut authentisch.

An dieser Stelle geht mein besonderer Dank an Jan van Helsing, einen mutigen Autor und Verleger, der die Massen aufweckt und dafür schon mehrfach angegriffen wurde. *„Viel Feind, viel Ehr!“* Aber ist es nicht besser, mit Licht und Liebe im Herzen zu sterben, statt in ein dunkles Loch gezogen zu werden und dem Teufel unsere Seele zu verkaufen?

Seien wir achtsam und wachsam! Lassen wir uns nicht weiter manipulieren! Und seien wir die rettende Hand für andere in seelischer Not, damit das Licht nicht ausgeht, damit die dunkle Seite nicht über uns herfallen kann, damit wir nach dem Tod nicht voller Reue als unglückliche Geister umherirren. Denn von denen gibt es mittlerweile mehr als von den Lebenden, wie die Nonne in Thailand und Herr Klos mir mitgeteilt haben.

Und sollte es dennoch hart auf hart kommen, lassen wir nicht die Angst über uns herrschen! Bauen wir auf die Hilfe unserer Schutzengel und anderer guter Mächte! Es gibt sie. Das garantiere ich Ihnen.

Ich wünsche all meinen Lesern an dieser Stelle Licht, Liebe und göttlichen Segen, und dass Sie von Besetzungen und Manipulationen verschont bleiben.

Prof. h. c. Manfred Krames

Der praktische Teil

Zum Schluss noch einmal: Glauben Sie nichts, nur weil es hier oder sonst wo geschrieben steht. Ich selbst bin skeptisch veranlagt. Aber warum sollte der erfolgreiche Psychiater Dr. Wickland seine Zeit damit verbringen, seine langjährigen Arbeiten mit Geistwesen in einem Buch zusammenzufassen? Das war vor achtzig Jahren, als Esoterik-Bücher noch nicht beliebt waren. Mit seinem Werk ging er zudem das große Risiko ein, von allen Kollegen ausgelacht zu werden. Das ist Mut!

Wenn die Geistheiler auf Sri Lanka, in Japan, Thailand und Deutschland, die mir begegnet sind, alle dasselbe sagen in Bezug auf geistige Wesen, ohne dass sie einander kennen, zu einer Zeit, als es noch kein Internet gab, dann bedeutet das natürlich, dass sie alle die gleichen Erfahrungen gemacht haben. Doch selbst dann kann man noch skeptisch sein und alles in Frage stellen.

Wenn jedoch über einhundert chronisch Depressive und Schlaflose mit einem Schlag genesen, nachdem ein Geistheiler sie gereinigt bzw. von einer Besetzung befreit hat, dann benötige ich keine weiteren Beweise mehr. Letztendlich wurde ich selbst zweimal von Dämonen attackiert, was Herzrhythmusstörungen und aggressive Gedanken der schlimmsten Art auslöste. Kaum hatte Herr Klos mich davon befreit, war der Spuk zu Ende. Dank dieser Angriffe weiß ich jetzt aber auch, wie es einem Präsidenten oder General ergehen muss, der von solchen Wesen besetzt und gelenkt wird. Die Besetzer geben nicht eher Ruhe, bis ein Krieg entsteht, auch wenn er noch so unsinnig erscheint. *„Gütiger Himmel, welcher Teufel hat ihn nur geritten?“*, hätten unsere Großeltern dann gesagt. Wie Recht sie hatten. Je weiter wir abstumpfen in unserer materialistischen Gesellschaft, desto weiter entfernen wir uns von unserem Gespür, und desto leichter lassen wir uns manipulieren.

1. Die Diagnose

Es bleibt die Frage, wie man Besetzungen wieder los wird, und vorher natürlich, woran man sie erkennt. Zu Letzterem: Man erkennt sie an folgenden Begleiterscheinungen:

a) Schlafstörungen ohne erkennbaren Grund (war vorher nie ein Problem)
b) Alpträume oder das Gefühl, jemand befindet sich im Schlafzimmer
c) Emotional instabil, plötzliche Anfälle von Rach- bzw. Eifersucht, Hass, Wut oder Trauer
d) Kraftlosigkeit; keine Lust, das Haus zu verlassen oder Menschen zu treffen
e) Gereiztheit, Unsicherheit, Unkonzentriertheit, innere Unruhe ohne erkennbare Ursache. Oder man provoziert Leute oder lässt sich provozieren, was vorher nie so war.
f) Hoffnungslosigkeit, Depressionen aller Art, Sterbewunsch, des Lebens müde
g) Extreme, unkontrollierbare Lust auf Zigaretten, Alkohol, Drogen oder Sex
h) Herzrasen, Herzrhythmusstörungen, unregelmäßige Atmung, Ängste, Panikattacken
i) Das Gefühl, beobachtet zu werden, oder es stünde jemand im Raum (Anm.: Hunde können Geister sehen. Wenn Ihr Hund die Mitte des Raumes anstarrt, ohne dass da einer steht, oder plötzlich „jemanden“ anbellt, der unsichtbar ist, ist das ein Anzeichen dafür, dass Sie nicht alleine sind.)
j) Phantomschmerzen (ohne erkennbare Ursache) im Rücken- bzw. Nackenbereich oder in Form von Kopfschmerzen

Mögliche Ursachen der Fremdbesetzung:

1) Jemand ist vor Ihrem Einzug an diesem Wohnort verstorben und wandelt als Geist umher.
2) Jemand, der sehr an Ihnen hing (bzw. hängt), ist verstorben.
3) Sie haben Geistwesen angezogen beim Besuch eines Krankenhauses oder Friedhofes.
4) Sie waren in einer Phase der Kraftlosigkeit oder Trauer (ohne Besetzung), sodass diese niedere Stimmung Geistwesen anzog, die ähnlich gestimmt sind bzw. sich mit Ihrem Problem identifizieren. (Eine Frau, die sonst nur „normal" eifersüchtig ist, kann aus heiterem Himmel zur Furie werden und ihren Freund am liebsten erschießen, wenn ein Geistwesen bei ihr andockt, das zu Lebzeiten extrem eifersüchtig war.)
5) Sie haben eine wichtige Aufgabe zu erfüllen, welche der Gesellschaft von großem Vorteil und Nutzen ist, oder Sie haben eine wertvolle Erkenntnis gewonnen, die Sie weitergeben wollen. Dämonische Wesen können das sofort spüren, Sie angreifen oder durch Besetzungen blockieren oder Abziehen von Energie. Was für hell erleuchtete Menschen wie Jesus, Buddha (dreimal Beinahe-Opfer von Mordanschlägen), Gandhi, Abraham Lincoln, J. F. Kennedy und John Lennon gilt, gilt auch für weniger Berühmte unter uns: Wir sind den negativen Mächten ein Dorn im Auge.

Da Geistwesen keinen Körper besitzen, um Unheil anzurichten oder uns von der Klippe zu stürzen, besetzen sie andere und programmieren diese gegen uns. Hierüber gibt es bereits zahlreiche Bücher wie »Dreißig Jahre unter den Toten«.

Wichtig: Nicht jede Phase der Kraft- oder Mutlosigkeit, nicht jeder böse Gedanke an einen Mitmenschen wird von Geistwesen ausgelöst. Wutausbrüche sind etwas ganz Normales. Ebenso (berechtigte) Eifersucht oder Angst vor der Zukunft etc., wenn die Ursache quasi vor Augen liegt. Ist aber absolut kein Grund erkennbar und liegt keine Erklärung vor bei Panikattacken oder Aufwachphasen in der Nacht, kann eine Besetzung vorliegen. Ebenso bei unerklärlichen Rücken- oder Nackenschmerzen sowie Herzrhythmusstörungen oder plötzlichen Abneigungen gegen Menschen, die man vorher mochte. Diese Dinge kläre ich normalerweise im persönlichen, ganzheitlichen Beratungsgespräch.

2. Die Therapie

Über 200 Fälle von Besetzungen habe ich bislang an Herrn Klos, den deutschen Geistheiler, weitergeleitet, mit Bitte um Befreiung. Den Betroffenen habe ich das nicht immer gesagt. Aber letztendlich machte es keinen Unterschied, ob sie Bescheid wussten oder nicht. Bis auf einen einzigen Fall, einen Engländer, der von Dämonen besetzt war und sich in Folge aufhängte, konnte er allen helfen.

Dieser wunderbare Mensch bittet mehrere Erzengel um Unterstützung, wenn er Besetzte befreit, insbesondere Erzengel Michael und Raphael. Auch ich wende mich an diese geistigen Führer, wenn ich mal besetzt bin – siehe die Beschreibung von Herrn Klos ab Seite 143 –, was schon mal vorkommt, wenn ich nicht geerdet oder von Zweifeln geplagt bin. Doch dank dieser Krisen bin ich in der Lage, andere zu verstehen, denen es ähnlich ergeht.

Was also tun? Prävention sowie die Akzeptanz, dass es solche Einwirkungen geben kann, scheint mir hier der beste Schutz zu sein. An mir selbst wie an anderen habe ich festgestellt, dass Angriffe aus der (negativen) geistigen Welt dann stattfinden, wenn wir schwach sind. Schwach im Sinne von deprimiert, hoffnungs- und freudlos, oder anders ausgedrückt, wenn wir uns in einer niederen Schwingung befinden. Das passiert oft einsamen Menschen, die lange Zeit allein leben oder Angst vor der Zukunft haben, sich nicht geliebt oder unterstützt fühlen. Kommen dann Kriegsmeldungen, Pandemien oder Schreckensnachrichten hinzu, steigert sich die Angst ins Unermessliche. Sie verlieren ihre Erdung, ihre Kraft, und letztendlich ihr Licht.

3. Die Prävention

Prävention scheint die beste Taktik zu sein, und zwar täglich. Vermeiden Sie alles, was Sie energetisch herunterzieht! Das betrifft dunkle, nervenaufreibende Fernsehsendungen sowie auch Mitmenschen. Musik und Licht, das künstlich erzeugt wird, raubt ebenso unsere Kraft. Wir müssen uns bewusst Tag für Tag mit schönen, positiven Dingen und Menschen umgeben, die uns Kraft geben. Eine gesunde Ernährung ohne Chemie und mit möglichst wenig Fleisch gehört auch dazu. Muss man in ein Krankenhaus oder an einer Beerdigung teilnehmen, bitte man vorher die Erz- und Schutzengel um Schutz. Es hilft auch, wenn man einen imaginären Schutzmantel um sich herum aufbaut und sich vornimmt, kein Geistwesen an sich heran zu lassen.

Ich hatte mal einen Fall, bei dem die Eltern mit ihrer fünfjährigen Tochter Picknick auf einem alten Friedhof machten, der wie ein großer Park angelegt war. Sie gingen zu viert nach Hause, weil die Kleine eine unsichtbare Begleitung mitnahm. Doch das merkte niemand. Nachts schlief sie von heute auf morgen nicht mehr ohne Licht im Zimmer, kam oft ins Bett der Eltern, was sie vorher nie tat. Ihre Blutwerte wurden so schlecht, dass die Eltern um ihr Leben bangten. Herr Klos schickte den Störenfried ins Licht – drei Tage später war das Mädchen gesund. Die Eltern wissen bis heute nicht, was mein Freund und ich für ihre Tochter getan haben, und das ist in Ordnung. Sie hätten es sowieso nicht verstanden.

Auch wenn wir solche Quälgeister im Alleingang nicht immer loswerden, so hilft es doch, sich deren Existenz bewusst zu sein. Ich bin nachsichtiger geworden im Umgang mit Menschen, die mir gegenüber plötzlich aggressiv, boshaft oder störend sind. Ich erkenne deren Besetzung und weiß, dass sie keine Kontrolle über sich haben. Während ich diese Besetzungen nur spüre, können Herr Klos und andere sie jedoch sehen(!).

Natürlich gilt das nicht als Beweis für diese Phänomene. Theoretisch könnte ich Ihnen hier einfach nur spannende Geschichten erzählen. Da aber auch in der Bibel mehrere Episoden mit Anhaftungen bzw. Besetzungen vorkommen, muss man sich fragen, was denn der Urheber dieser Texte beabsichtigte, wer auch immer dahinter steht. So etwas führt ja nicht dazu, dass wir deshalb an Gott oder Jesus glauben. Hätte da nur gestanden, Jesus habe Blinde und Gelähmte geheilt, sodass der Leser an seine wunderbaren Kräfte glaubt, wäre die Absicht offensichtlich. Aber nein, die Texte sagen, dass die Ursache für deren Erkrankung eine Besetzung gewesen ist! Und dass Heilung möglich war, indem Jesus die Kranken von der Besetzung befreite. In einer Geschichte stand sogar, Jesus habe einen seiner Jünger kritisiert, die Besetzungsauflösung nicht selbst vorgenommen zu haben, was indirekt bedeutet, andere können das auch.

Doch zurück zur Prävention: Wenn negative Emotionen und Unzufriedenheit für Fremdwesen eine Angriffsfläche bieten, sollten wir uns schnellstens umstimmen. Wir dürfen keine Angst in uns entstehen lassen und sollten uns von Schreckensnachrichten und Schockmeldungen fernhalten. Man kann daran sowieso nichts mehr ändern. Auch von Energie raubenden Menschen und solchen, die pessimistisch und negativ drauf sind, sollten wir uns fernhalten.

Bevorzugt werden sollte alles, was Freude und Liebe erzeugt. Das bezieht sich auf Musik, Filme, Beziehungen, Natur, Essen und die Arbeitsweise. Essen Sie möglichst wenig Fleisch, weil die Tiere auf dem Weg zur Schlachterei Todesängste ausstehen und dabei Stresshormone ausschütten – jedes Tier spürt, dass ihm ein grausames Ende bevorsteht, weil diese Energie von seinen Vorgängern in der Luft liegt. Unsere Speisen sollten frisch zubereitet und frei von Chemie sein.

Versuchen Sie, bei Ihrer Arbeit aktiv Freude zu verbreiten. Machen Sie wenigstens einen Menschen am Tag glücklich. Egal, ob das ein paar Meter extra mit dem Taxi sind, weil die Frau kein Geld mehr hatte; ein paar Scheiben Käse extra für eine arme Kundin; das Warten mit der Abfahrt des Busses, weil man im Rückspiegel eine Frau mit Kinderwagen laufen sieht; oder das Hinwegsehen über eine kleine Ordnungswidrigkeit, wenn man sieht, der andere war in Not. Wenn wir unser Herz auf „Geben" programmieren, wird unser (Liebes-)Leben eine ganz andere Qualität bekommen und Freude auslösen. Ein freudvoller Mensch wird weder depressiv werden, noch negative Geistwesen anziehen.

4. Liebe als ultimative Heilung

Im Umgang mit Besetzten fiel mir eine Gemeinsamkeit auf: Nahezu alle hatten ein Problem mit LIEBE. Entweder es bestand ein Mangel an Liebe bzw. Eigen-/Selbstliebe, oder die Verbindung zu einem geliebten Menschen war nicht möglich. Das kann das eigene Kind, ein Bruder, der Vater, die Mutter, ein Freund oder eine Freundin sein.

Oder (bzw. und) sie hatten eine herzzerreißende Erfahrung noch nicht verarbeitet, sodass ihr Herz aus Gründen des Selbstschutzes dicht machte, was ein gewisse Zeit lang in Ordnung sein mag. Im Dauerzustand jedoch entwickeln sich negative Emotionen und Verhaltensmuster wie Angst, Verlust von Urvertrauen sowie Wut und Aggressionen. Genau dieser Zustand ist es, der Geistwesen anlockt! („*Gleiches zieht Gleiches an.*“)

Weder die thailändische Nonne, noch Hellsichtige, noch meine Wenigkeit kennen einen Fall, bei dem ein mit Liebe erfüllter Mensch besetzt worden wäre. Das ist logisch. Denn Verstorbene, die mit einem Lächeln auf die andere Seite gehen bzw. guten Gewissens von allem loslassen können, steigen sofort auf in die andere Dimension und bleiben nicht erdgebunden. Zurück bleiben meist nur unzufriedene Quälgeister, die ein ähnliches Muster in anderen suchen.

Ein Schlüsselwort aus der Lehre Jesu scheint mir hier „Verzeihung“ zu sein, d.h. die Bereitschaft, einen anderen nicht mit Zorn gedanklich festzuhalten. Dieses Verzeihen müssen wir aber auch auf uns selbst anwenden. Wir machen nun mal Fehler und Dummheiten im Leben, lassen uns beeinflussen und laufen anderen in die Falle. Also:

ERKENNEN – LERNEN – LOSLASSEN !

Mehr nicht. Wir werden sonst nicht glücklich und ziehen ständig Geistwesen (oder Lebende mit ähnlichen Problemen) an. Ich bin froh, dass ich die zig Millionen Verstorbenen, die seit geraumer Zeit umhergeistern, nicht sehen, sondern nur (im Gespräch) fühlen kann. Sie warten nur darauf, uns zu besetzen und unsere Energie zu rauben.

Eine einzige Ausnahme zum sofortigen Aufstieg in den Himmel bei Liebe im Herzen – so die verschiedenen Geistheiler – seien verstorbene Eltern von Kindern. Die würden aus Sorge um ihre Kinder als Geist zurückbleiben und helfend einlenken, bis ihre Kinder erwachsen sind.

5. Der Rat des deutschen Geistheilers

Herr Klos ist der Geistheiler, dem ich immer die Namen von (wirklich) Besetzten weitergebe. Zusammenfassend gibt Herr Klos Betroffenen folgende Ratschläge, wobei ich nochmals erwähne, dass er keiner Religion oder Glaubensgemeinschaft etc. angehört.

1. Nicht jeder Energiemangel, Alptraum oder innere Unruhe wird von Geistwesen ausgelöst. Oft liegt die Ursache darin, dass wir von unserem Lebensplan abweichen oder Signale unserer Seele überhören. Das aber ist nicht mein Zuständigkeits- bzw. Arbeitsbereich, sondern muss evtl. mit einem erfahrenen Berater geklärt werden.
2. Es ist durchaus für Familienangehörige möglich, einen Verstorbenen, der noch unter ihnen weilt, aus eigener Kraft ins Licht zu schicken. Wichtig ist, dass der Lebende die Bereitschaft zeigt, den anderen auch gehen zu lassen. Sonst werden beide unfrei – der Geist und der Hinterbliebene. Am besten zündet man in aller Stille eine Kerze an, konzentriert sich auf den Verstorbenen (evtl. ein Foto betrachten) und bittet ihn, ins Licht zu gehen. Man wünscht ihm eine „gute Reise“ und legt ihm nahe, von allem loszulassen. Er habe seine Arbeit getan und solle nun aufsteigen und in Frieden ruhen.
   Gegebenenfalls wende man sich an Erzengel Michael, er möge den Verstorbenen in den Himmel begleiten. Die Wortwahl ist egal, hier nur ein Vorschlag: *„Lieber Erzengel Michael, ich bitte dich im Namen Gottes, führe meine verstorbene Mutter, Schwester, Oma etc. ins Licht.“*

3. Wir werden immer dann von Geistwesen bedrängt, besetzt oder angegriffen, wenn unsere Aura nicht geschützt ist. Oft werden befreite (von Geistwesen losgelöste) Menschen nach kurzer Zeit wieder besetzt, weil sie diese Quälgeister quasi anziehen.
   Zwei Dinge sollte man tun: Sobald man aus dem Haus geht, bitte man Erzengel Michael oder einen anderen Schutzgeist um Schutz. Gleichzeitig nehme man sich fest vor, kein Geistwesen an sich zu lassen. Man baut also selbst auch einen energetischen Schutz auf. Das zweite ist der Aufbau einer höheren Schwingung. Wenn wir entmutigt, frustriert, enttäuscht oder ängstlich sind, rutschen wir in eine niedere Schwingung, die alle Tore öffnet für Besetzungen! Hier muss man sofort wieder raus! Jedes Hilfsmittel dazu ist recht. Aufbauende, fröhliche Musik (Walzer, Märsche, positive Lieder und populäre Musik), ein Gespräch mit einem Freund, ein Spaziergang in der Natur, Sonne, das Besinnen auf gute Taten, die man vollbracht hat und dergleichen.
4. Das Vermeiden der Aufnahme negativer Schwingungen im Essen. Möglichst wenig oder kein Fleisch essen, keine Chemie und künstlichen Stoffe, keine Mikrowellen-Zubereitung, kein Lärm (Fernsehen, Handy) beim Essen usw. Auch halte man sich von Menschen fern, die Energie abziehen und negative Schwingungen verbreiten, oder in deren Gegenwart das Herz zumacht.
   Es spricht auch nichts dagegen, alltäglich oder in Zeiten großer Not und Verzweiflung ein Gebet zu sprechen, was die meisten wohl verlernt haben. Das „Vater-Unser“ in der

Originalfassung hat mit der Kirche nichts zu tun und hat durchaus eine helfende bzw. heilende Wirkung.

Hier ein Gebet an Erzengel Michael:

„Heiliger Erzengel Michael, verteidige uns im Kampfe; gegen die Bosheit und die Nachstellungen des Teufels, sei unser Schutz.
‚Gott gebiete ihm', so bitten wir flehentlich; du aber, Fürst der himmlischen Heerscharen, stoße den Satan und die anderen bösen Geister, die in der Welt umherschleichen, um die Seelen zu verderben, durch die Kraft Gottes in die Hölle. Amen."(2)

Abb. 29: Erzengel Michael auf dem Wappen der Stadt Wien-Heiligenstadt

Anhang

Im Frühjahr 2014 erschien beim *Verband Freier Psychotherapeuten, Heilpraktiker für Psychotherapie und Psychologischer Berater e.V.* (www.vfp.de) mein Artikel »Der unsichtbare Störenfried – Wie Verstorbene unsere seelische Gesundheit beeinflussen«, der eine heiße Debatte auslöste.[(3)] Nachfolgend eine kleine Auswahl an Leserreaktionen:

> *Sehr geehrter Herr Prof. h. c. Krames,*
> *ich habe im Internet nach einer Untermauerung gesucht, was uns und unserem Sohn widerfahren ist. Da bin ich auf Ihren Artikel »Der unsichtbare Störenfried« gestoßen.*
> *Unser Sohn (13) wurde 2020 plötzlich magersüchtig und magerte recht schnell auf die Perzentile P3 ab. Wir konnten als Eltern nichts machen. Er ließ nicht mit sich reden und war unheimlich stur und sehr depressiv. Nach einem Krankenhausaufenthalt kam er dann in eine Klinik für Kinder- und Jugendpsychiatrie. Dort wurde er zwangsernährt, was ihm das Leben rettete. Die Schuld für die Unterernährung wurde uns Eltern gegeben. Nach der Entlassung magerte er wieder ab, sodass er 4 Monate später wieder in diese Klinik musste. Diesmal für 4,5 Monate, da er sich mit aller Kraft gegen die Therapie wehrte. Wieder wurde uns Eltern die Schuld dafür gegeben. Er wurde dann als nicht therapierbar mit P8 entlassen, obwohl ambulant erst ab P10 therapiert werden darf. Gottseidank hat er dann zu Hause zugenommen, war dennoch stark von der Klinik traumatisiert und immer noch depressiv. Dann erfuhren wir von einer Bekannten von einer Seelenfrau, die schaut, wie es der Seele geht. Dabei kam heraus, dass unser Sohn und meine Frau abwech-*

selnd von einer Seele eines vor unserem Sohn im Mutterleib verstorbenen Fötus heimgesucht wurden, der bei der Ausschabung nicht ins Licht kam. Bei einer Zeremonie wurde diese Seele des ungeborenen Kindes ins Licht entsendet. Wir haben das alles mitgemacht, damit es unserem Sohn besser geht. Wir haben als Beweis nur die Aussagen der Seelenfrau, flackernde Kerzen während der Zeremonie und die Aussagen unseres Sohnes direkt danach, dass er jetzt viel Kuscheln mit der Mama nachholen müsse und, dass die zweite Stimme im Kopf weg sei. Er hat auch seitdem noch stärker zugenommen und ist heute auf der P50. Er sagt auch, dass er mehr Ruhe im Kopf hat. Ich bin so froh, dass wir bei dieser Seelenfrau waren. Leider kann ich diese Geschichte kaum jemanden berichten, da sie keiner glaubt.
Ihr Artikel gab mir jetzt zumindest eine Bestätigung des Erlebten.

Freundliche Grüße, Franz H.

Anm.: Solche Mails erreichen mich immer häufiger. Anscheinend habe ich das zu Papier gebracht, was Millionen längst spürten, doch nicht auszudrücken wagten.

Sehr geehrter Herr Krames,
auf der Suche nach Antworten für unglaubliche Dinge, die schon seit Jahren in meinem Leben passieren, bin ich zufällig auf Ihren Artikel gestoßen. Intuitiv weiß ich, dass ich über Sie weiterkommen werde. Ihr Artikel hat mich sehr gefesselt. Ich bin mit meinem Leben im Großen und Ganzen recht zufrieden, aber es gibt trotzdem Baustellen, bei denen ich nicht weiterkomme und ich zunehmend das Gefühl habe, dass das nicht nur an meiner Person liegt, sondern tatsächlich mit früheren Zeiten

zu tun hat. Vor ein paar Jahren hätte ich nie im Leben so gedacht. Ich war extrem wissenschaftlich orientiert. Ich merke aber, dass ich mich immer mehr der Spiritualität zuwende und hier sehr viel Kraft finde. Zunehmend habe ich das Gefühl, etwas in Ordnung bringen zu müssen von meinen Ahnen. Aber ich weiß nicht was und wie. Ich brauche, denke ich, einen Geistheiler. Details möchte ich auch erst benennen, wenn es einen Kontakt gibt.

Können Sie mir weiterhelfen oder mir die Adresse des Geistheilers aus Deutschland mitteilen, damit ich mich mit ihm in Verbindung setzen kann? Es fühlt sich gerade sehr seltsam an, Ihnen diese E-Mail zu schicken. Irgendwie ist da immer noch der Gedanke, dass es verrückt ist, so etwas wahrzunehmen und dann auch noch zu äußern. Aber ich weiß, dass ich nicht verrückt bin. Ich spüre negative Energien, die aufgelöst werden müssen. Die sind da. Das ist keine Einbildung. Und alleine komme ich nicht weiter. Es wäre großartig, wenn ich über Sie Antworten bekommen könnte.

Mit freundlichen Grüßen, Beate H.

Anm.: Wir führten ein persönliches Gespräch, nach dem die Dame für den Rest ihres Lebens wusste, dass sie nicht verrückt war.

Sehr geehrter Herr Professor Krames,

Wir sind über Ihren Artikel bei vfp.de auf Sie aufmerksam geworden und bitten Sie um Rat. Es geht um unseren Papa. Er ist 69 Jahre alt. Seit ca. 4 Jahren ist er immer vergesslicher geworden, wird oft aus heiterem Himmel wütend, hat an nichts mehr Freude, und sein einziges Interesse besteht an exzessivem Spa-

zierengehen (5 Std. pro Tag), wonach er immer müde und fix und fertig ist – für nichts anderes bringt er Konzentration oder Interesse auf. Er war früher immer sehr humorvoll, vielseitig interessiert, sehr gebildet. Jetzt ist seine Persönlichkeit wie ausgewechselt. Er war u.a schon bei mehreren Untersuchungen in der Dresdner Uniklinik, wobei bei ihm weder Alzheimer noch Demenz noch Abweichungen im Kopf festgestellt wurden. Auch Versuche, es mit Heilpflanzen (u.a Brahmi, Hafersaft, Tebonin/Ginkgo) zu verbessern, haben leider zu keinem Erfolg geführt. Zufällig bin ich heute mit jemandem ins Gespräch gekommen, dem ich u.a von Papas Befinden erzählt habe. Diese Person hat gefragt, ob vor einiger Zeit jemand Nahestehendes verstorben ist, ob unser Papa andere Verhaltensweisen aufweist als früher und ob die verstorbene Person in ‚Unfrieden' von uns gegangen ist. Das alles trifft bei unserem Papa zu (=Mutter verstorben und ungefähr zeitgleich hat er sich verändert und weist seitdem verstärkt mehrere Verhaltensweisen und Eigenschaften von ihr auf). Die Person sagte, dass die Probleme von unserem Papa auf Fremdbesetzung durch die Seele der Verstorbenen zurückzuführen sein könnten und dass ein Seelenclearing helfen kann. Da wir Angst haben, an unseriöse Menschen zu geraten, bitten wir Sie um Hilfe – ob Sie einen Spezialisten im Raum Dresden empfehlen können? Oder anderweitige Tipps bzw. Empfehlungen haben? Vielen Dank im Voraus!

Mit freundlichen Grüßen, Irina D.

Anm.: Der Papa hatte in der Tat eine Besetzung. Herr Klos konnte sie auflösen und ihm helfen.

Sehr geehrter Herr Prof. Krames,
ich habe ihre Emailadresse aus ihrem Artikel »Der unsichtbare Störenfried«. Erst einmal möchte ich Ihnen für diesen sehr informativen Artikel danken. Da ich selber sehr an das Ganze glaube und ich selber diesbezüglich eine sehr belegte Familiengeschichte habe, hätte ich eine große Bitte an Sie. Mir ist bewusst, dass dieser Artikel schon etwas älter ist. Dennoch möchte ich Sie fragen, ob Sie Kontaktdaten eines solchen Geistheilers für mich hätten.
Sie müssen wissen, dass in dem Elternhaus meiner Mutter seit Generationen nichts wirklich läuft. Meine Mutter selber ist seit längerem sehr krank. Da wie gesagt die Familiengeschichte mit zahlreichen zu früh Gestorbenen, Selbstmorden etc. sehr belegt ist, würde ich gerne bei einem solchen Geistheiler Hilfe suchen.
Ich weiß, dass der in Ihrem Artikel genannte Heiler anonym bleiben wollte. Dennoch wäre ich Ihnen für Ihre Hilfe sehr dankbar.
Über eine Antwort würde ich mich sehr freuen!

Mit freundlichen Grüßen, Lucia S.

Anm.: Menschen, die sich das Leben nehmen, bleiben relativ lange erdgebunden. Man sagt, sie bleiben mindestens so lange als Geist auf Erden, bis der Tag kommt, an dem sie hätten sterben sollen, also wenn der natürliche Tod laut göttlichem (kosmischem) Plan hätte eintreten sollen. Laut meiner Erfahrung sind sie als Geist höchst unglücklich, sodass Selbstmord keine Lösung für unsere Probleme ist. Auch bereuen viele Selbstmörder ihre Tat – das behaupten Geistheiler, die einen Zugang in die geistige Welt haben.

Sehr geehrter Herr Krames,
mit großem Interesse habe ich Ihren Artikel in der Verbandszeitschrift für freie Psychotherapeuten, Heilpraktiker für Psychotherapie und psychologische Berater e.V. gelesen. In dem Artikel von 2014 »Der unsichtbare Störenfried – Wie Verstorbene unsere seelische Gesundheit beeinflussen« beschreiben Sie, dass z.B. starke Depressionen auch von Besetzungen durch Verstorbene kommen können. In dem Text wird auch ein deutscher Heiler erwähnt, der solche Phänomene erfolgreich behandeln kann.
Ich wende mich deshalb an Sie, da ein mir nahestehender Freund momentan akut an den in Ihrem Artikel beschriebenen Symptomen leidet und nach Hilfe auf geistiger Ebene sucht. Wäre es möglich, dass Sie uns eine Telefonnummer des Heilers mitteilen, damit wir den Fall mit ihm besprechen können?

Ich bedanke mich herzlich für Ihre Bemühungen und verbleibe mit freundlichen Grüßen, Michael H.

Anm.: Der deutsche Geistheiler konnte dem Freund helfen. Später erfuhr ich, dass Michael H. Mediziner ist und gerne erlernen wollte, wie Herr Klos „therapiert". Doch Herr Klos gab ihm zu verstehen, dass man das nicht in Seminaren usw. erlernen kann, sondern dass die geistigen Führer (Engel) sich die Menschen aussuchen, denen sie den Kontakt „nach oben" gestatten. Auch darf man dieses Wissen und die Fähigkeiten nicht zu Geld machen, da sie sich sonst verflüchtigen. Darum arbeitet Herr Klos rein auf Spendenbasis.

Sehr geehrter Herr Krames,
ich bin schockiert, wirklich sehr, sehr schockiert! Ich dachte immer: „Jetzt spinnst du komplett"! Bis ich diese Woche über Ihren Artikel gestolpert bin. Ich versuche mich kurz zu halten. Mein ältester Bruder hat sich vor einigen Jahren das Leben genommen. Nach mehrjähriger Therapie aufgrund Depressionen. Ich hatte nie ein gutes Verhältnis zu ihm, im Gegenteil! Er hat in meinem Leben sehr viel zerstört... 2017 glitt dann auch ich in eine tiefe Depression, ein sehr schleichender Prozess. Gegen Ende des Jahres, wie es immer schlimmer wurde, hatte ich plötzlich das Gefühl, fremdgesteuert zu sein. Und genau da hatte ich meinen Bruder im Kopf. Dieser Gedanke hat sich sozusagen festgesaugt in meinem Denken. Dass er mit aller Macht versucht, auch mich in seine Misere zu ziehen.
Aber dieses Thema mit jemandem zu diskutieren? Da wäre die Einweisung in eine geschlossene Klinik beschlossene Sache gewesen.
Frühling 2018 hatte ich dann einen Nervenzusammenbruch und wurde in eine Klinik eingewiesen. Beim Aufnahmegespräch gab es eine Frage, ob ich das Gefühl habe fremdgesteuert zu sein. Dies habe ich angesprochen, jedoch nach der Reaktion des Psychologen sofort wieder unterlassen. Sonst wäre ich wahrscheinlich immer noch dort!
Nun ja, welche Möglichkeiten habe ich momentan, um dies herauszufinden, ob mein Bruder wirklich bei mir ist? Welche Absichten er verfolgt? Hier in der Schweiz sind mir sogenannte Mediums keine bekannt. Ich würde mich freuen, wenn Sie mir weitere Anregungen oder ev. Kontakte angeben könnten.

Freundliche Grüße, Stübi K.

Anm.: Der verstorbene Bruder wurde ins Licht geschickt. Sofort war die Fremdsteuerung bzw. „Psychose" des anderen Bruders verschwunden.

Sehr geehrter Herr Prof. Krames,
heute, am 26.Dezember, begann ich in Ihrem Buch »Buddhas geheime Botschaften« zu lesen. Sogleich hatte ich das Gefühl mehr über Sie erfahren zu wollen.
Dank Google fand ich Ihren Text »Der unsichtbare Störenfried« und mir stockte an einer Stelle der Atem. Sie schreiben dort: „[...] In extremen Fällen zögen diese Geistwesen mit aller Macht den Lebenden auf ihre Seite [...]."
Vor einigen Wochen erwähnte ich gegenüber einem guten Freund: Das, was mir nachts (fast jede Nacht) passiert ist, als ob mich jemand mit Vehemenz auf die andere Seite ziehen möchte.
Noch zu mir: Ich (51) lebe alleine, bin nicht depressiv, suche in mir Wahrheiten und Lösungen und weniger im Außen bzw. selten im Außen. Doch ich schaffe es alleine nur mäßig bis gar nicht, das immer wiederkehrende nächtliche Szenario zu durchbrechen. Ich habe mir bislang keine fachliche Hilfe dazu geholt, denn das endet eh nur mit einem Rezept, und das möchte ich nicht. Da es die Ursache dieses merkwürdigen Phänomens ja nicht beseitigt.
Jede Nacht soll ich sterben. Immer auf die gleiche Weise: Entweder habe ich vergessen, etwas Bestimmtes zu nehmen und muss deswegen sterben. Das ging einige Jahre, dass ich im Schlaf den Medikamentenschrank aufsuchte und dann ratlos davor saß, nicht wusste, „was genau ich nehmen soll, um nicht zu sterben", bis ich zu mir kam. Jede Nacht derselbe Traum.

Da vermutete ich schon, dass jemand aus der geistigen Welt dahinter steckte und betete quasi ins Leere und bat um Frieden. (Anm.: Das half vielen anderen auch.)
Es wurde in der Tat etwas besser. Doch dann kam nach kurzer Zeit eine neue Variante dieses Traumes zurück: Nun ist es so, dass ich scheinbar aufwache (obwohl ich wohl noch schlafe) und atme. Doch ich darf nicht atmen. Da ich geatmet habe, muss ich nun sterben. Es dauert wieder einige Zeit, bis ich realisiere: Stopp, das ist nur der Traum. Der Puls geht trotzdem hoch, so real erscheint das.
Und es ist bei beiden Träumen immer derselbe Ablauf. Immer. Es dauerte auch jedes Mal einige Zeit, bis ich realisiere: Okay, keine Panik, es ist nur ein Traum. Ich bekomme keine Panik, leide auch tagsüber nicht daran. Bin tagsüber nicht müde oder sonst wie gehandicapt. Ich bleibe nachts recht ruhig, da ja im Grunde – bis auf die kurze Aufregung – nichts Schlimmes passiert. Habe es angenommen, wie es ist, da ich es aus eigener Kraft zur Zeit nicht ändern kann. Dennoch wäre ich froh, es irgendwann endgültig aufzulösen. Meine Frage an Sie: Gibt es 2017 eine Möglichkeit, Sie zu treffen? Ein Kurs, ein Gespräch bzw. eine Therapiestunde.
Ich würde Sie sehr gerne kennenlernen.

Herzliche Grüße und vielen Dank für Ihre Aufmerksamkeit
Dr. Andreas M.

Anm.: Herr Klos erkannte eine erdgebundene Seele im Haus, die nicht fortgehen wollte. Erst als er ihr gut zuredete, begab sie sich freiwillig in die andere Dimension und ließ auch den Mann in Ruhe, übrigens ein Arzt.

Hallo, guten Tag Herr Krames,
meine Frau und ich haben Ihren Artikel gelesen. Er hat uns sehr fasziniert. Meine Frau und ich sind sehr spirituell – sie ist Yoga-Lehrerin und ich nebenberuflich Trainer für Meditation und Achtsamkeit. Wir sind offen und denken im Bereich Gesundheit immer auch wie Sie ganzheitlich.
Möglicherweise haben wir einen sehr ähnlichen Fall in der Familie. Unser Sohn lebte als Junge – nur wenige Tage – in einem Zimmer unserer Wohnung, in der ein ehemaliger Spieler umgekommen ist. Sie können sich denken, um was es uns geht. Dazu kam noch ein Unglück vor Ort. (Zufälle gibt es nicht.)
Wir suchen Unterstützung, vielleicht können Sie uns einen Heiler vermitteln. Gerne würde ich mit Ihnen telefonieren.
Hätten Sie diese Woche Zeit?
Wir freuen uns über ihre Nachricht.

Herzlichen Dank, Daniela und Andreas T.

Anm.: Ich hatte diese Mail übersehen und sehr verspätet geantwortet, was mir unsäglich leid tut. Wenn ich nicht innerhalb von drei Tagen antworte, bitte nachfragen!

Hallo Herr Prof. Krames,
danke für Ihre Mails und Ihre Unterstützung. Natürlich möchten wir Ihre Arbeit bezahlen. Ich schlage vor, dies im Telefonat einfach abzusprechen.
Im Anhang dieser Mail finden Sie 3 Bilder von G. und uns als Familie – alle aus diesem Jahr. Einen Sterbefall gab es seit G's Geburt 2017 nicht in unserer Familie. Allerdings haben sowohl meine Frau als auch ich schwierige familäre Hintergründe... (Scheidungen, Depressionen und Ängste... sehr viel Vataüber-

schuss...) Umso besser funktioniert unsere Ehe seit 8 Jahren und unsere Beziehung seit 21 Jahren ohne Pausen und Streit... G. ist hochsensibel, mega wach und achtsam. Das ist eine Gabe und eine Herausforderung gleichermaßen. Ja, wir sind gerade in einer Krise/Herausforderung als Familie. G hat 3 Darmspiegelungen, eine Dünndarmbiopsie und eine Kapselendoskopie seit September hinter sich. Und leider täglich zwischen 4 und 15 Mal blutigen Stuhlgang. Wir hatten mehrfach einen Hämatokrit von 0,20 und einen Hämoglobinwert von 3,0... Also lebensbedrohlich... das letzte Mal vor einer Woche. Könnten wir morgen Vormittag telefonieren? Ab 9:30 Uhr wäre super.

Viele Grüße, Norman G.

Anm.: Die Tochter war in einem lebensbedrohlichen Zustand und laut Uni-Klinik Jena austherapiert. Wie ich im Gespräch erfuhr, machte die dreiköpfige Familie Picknick auf einem Friedhof, der wie ein Park angelegt war. Als ich fragte, ob die Tochter davor krank gewesen sei bzw. ob der Zeitpunkt der Erkrankung (Pathogenese) nach dem Besuch des Friedhofes einsetzte, war der Vater sprachlos. Wie Schuppen fiel es ihm von den Augen, als er sagte: *„Jetzt verstehe ich, warum unsere Kleine seit dem Picknick nicht mehr alleine schlafen wollte und oft die Mitte des Raumes anstarrte, als ob da jemand stünde...“* Ich setzte Herrn Klos auf den Fall an, und nach drei Tagen setzte eine Besserung ein, die sich kein Arzt erklären konnte.

Sehr geehrter Herr Prof. Krames,
ich habe soeben ihren Artikel »Der unsichtbare Störenfried« im Internet gefunden. Ich habe eine Bitte an Sie: Könnten Sie mir vielleicht die Adresse des erwähnten deutschen Geistheilers oder

anderer Heiler durchgeben, die sich mit dem Thema ‚erdgebundene Seelen' auskennen? Seit meiner Kindheit zieht es mich zu den erdgebundenen Toten und ich möchte mich nun endlich davon befreien, damit ich meinen Lebensweg verfolgen kann.

Ich danke Ihnen und sende Ihnen liebe Grüße, Maria W.

Anm.: Ihr konnte geholfen werden. Auch empfahl ich ihr den *UNICON-Verlag*, der entsprechende Literatur anbietet und gratis versendet.

Sehr geehrter Herr Krames,
Vielen Dank für Ihren Beitrag in ‚Freie Psychotherapie'. Sie berichten sehr spannend, wie Verstorbene unsere seelische Gesundheit beeinflussen können. Immer mehr Menschen wollen nicht nur die Symptome bekämpfen, sondern die Ursache finden. Deshalb finde ich es wichtig, viele Möglichkeiten zu kennen. Natürlich sind solche Methoden erst einmal befremdlich für uns, doch alles, was wir Westeuropäer nicht kennen, genießen wir mit Vorsicht.
Ihre Zeilen haben mich sehr bewegt und zum Nachdenken gebracht. Ich erinnerte mich an Vorfälle, Erlebnisse, Sätze wie lauter Puzzelsteine, welche ‚gefühlt' Sinn ergeben. In meiner Kindheit in Osteuropa gingen viele Menschen mit solchen Themen anders um. (Es ist kein Tabu-Thema.) Damals als Kind habe ich Vieles, was erzählt wurde, nicht wirklich verstanden.
Ich kenne heute Menschen aus meinem Freundeskreis mit Depressionen. Ob mit oder ohne Medikamente, die Schwere ist da. Meine kleine Familie belastet das Problem ebenfalls. Beim Lesen bekam ich ‚Gänsehaut', denn plötzlich erschienen all meine Bemühungen mit Ernährung, Bewegung und Co. so nichtig und

klein. Nun stellt sich die Frage für mich: Wie finde ich so einen Heiler? Kennen Sie jemanden in Deutschland? Ich wohne in der Nähe von Düsseldorf. Wie gehe ich am besten vor, um Kontakt aufzunehmen? Über jeden Hinweis wäre ich Ihnen sehr dankbar.

Mit vielen herzlichen Grüßen, Ihre Alicia L.

Anm.: Ich konnte ihr einige Bücher zum Thema empfehlen, so dass sie nun eine „Expertin“ wurde und anderen hilft.

Sehr geehrter Herr Prof. Krames,
mit großem Interesse habe ich Ihren Beitrag in der Zeitschrift ‚Freie Psychotherapie' gelesen. Ich bin davon überzeugt, dass es mehr gibt als das, was wir Menschen sehen und wahrnehmen. Aus diesem Grund möchte ich Sie bitten, mich an einen Ihnen vertrauenswürdigen Geistheiler zu ‚vermitteln'. Wäre das möglich? Ich selbst spüre, dass bei mir eine Fremdbesetzung vorliegt... Bitte haben Sie Verständnis dafür, dass ich nicht näher auf meine Beschwerden eingehen möchte. Über eine Antwort von Ihnen würde ich mich sehr freuen.

Mit freundlichen Grüssen
Frau B.

Anm.: Bei Frau B. lag in der Tat eine Fremdbesetzung vor. Herr Klos hat diese sofort ins Licht geschickt.

Sehr geehrter Herr Krames,
gerade habe ich in der Verbandszeitschrift »Freie Psychotherapie« Ihren Artikel »Der unsichtbare Störenfried« mit großem

Interesse gelesen. Das Thema hat mich spontan ‚angesprungen', da ich das Gefühl habe, dass da noch etwas ist, von dem ich mich noch nicht befreien konnte und das mich bremst bzw. an mir ‚dranhängt'.
In dem Artikel nennen Sie einen deutschen Geistheiler, der sich mit diesem Thema beschäftigt. Im Anhang ist ein Foto von mir, es wäre sehr nett, wenn Sie es an ihn weiterleiten und einen Kontakt herstellen könnten.

Im Voraus herzlichen Dank
Mathias H.

Anm: Es stellte sich heraus, dass Mathias H. selbst Psychologe ist, aber anders als die meisten seiner Kollegen zum Glück offen ist für diese Themen. Ich fand heraus, dass gerade Psychologen oder Psychiater besonders oft von Fremdwesen angegriffen werden. Logisch, denn wer täglich viele psychisch Kranke behandelt, von denen evtl. die Hälfte besetzt ist, nimmt einige davon mit nach Hause (die arme Familie), oder ein neuer Patient schleppt sie aus der Praxis, sodass diese Wesen umhergehen wie ein Virus.

Etwa jeder fünfte „Klient" von Herrn Klos ist Mediziner oder arbeitet im Krankenhaus, wo ja auch Patienten versterben. Geschieht dies in Narkose, sind sich die Verstorbenen ihres Ablebens nicht bewusst und geistern im Krankenhaus umher, klammern sich an das Personal oder, wie es mir einmal passierte, an Besucher.

Sehr geehrter Herr Prof. Krames,

ich habe mit großem Interesse Ihren Bericht »Der unsichtbare Störenfried« gelesen und finde es sehr mutig, darüber seriös zu schreiben. Nur weil etwas wissenschaftlich nicht nachweisbar ist bzw. nur wenige Menschen mit diesem feinstofflichen Feld wirklich seriös arbeiten, ist es noch lange kein Grund für die Nichtexistenz einer Karma- oder Geistheilung.

Ich bin nicht depressiv oder selbstmordgefährdet, aber ich spüre, dass mich schon länger irgendeine Last (karmisch) bremst vor einer natürlichen Entwicklung. Gemeint ist z.B. bei Entscheidungen. Ich höre oft nicht auf meine Intuition und täusche mich natürlich sehr oft. Oder auch in der Beziehung. Ich bin immer so ein Mit-dem-Kopf-durch-die-Wand-Typ und spüre aber, dass das nur teilweise etwas mit mir zu tun hat... Ich wollte gar nicht so richtig mit dem Kopf durch die Wand... und wieder etwas durchsetzen.

Ich hoffe Sie halten mich für keinen ‚Spinner', jedenfalls bin ich auf der Suche nach einem – wie Sie beschrieben haben – ‚seriösen Heiler'. Könnten Sie mir da weiterhelfen?

Noch ein paar Eckdaten von mir um meine Seriosität zu untermauern: (bitte vertraulich behandeln): Ich arbeite sowohl hier in Köln als auch in Österreich (Salzburg) in einer psychiatrischen Klinik als Körper- und Bewegungstherapeut. Ich habe also beruflich mit sehr vielen depressiven und suizidalen Patienten zu tun.

Erstmal danke, und ich würde mich freuen, von Ihnen zu hören.

Gregor K.

Sehr geehrter Herr Prof. h. c. Krames,
ich habe Ihren Artikel »Der unsichtbare Störenfried – Wie Verstorbene unsere seelische Gesundheit beeinflussen« gelesen.
Seit nunmehr zwei Jahren erlebe ich eine starke Besetzung durch Geister. Es ist mir aufgefallen, als ich Schläge und Stimmen bemerkte. Diese Stimmen waren zu Anfang sehr freundlich, singend haben sie mich begrüßt, also glaubte ich, sie seien Engel. Dem ist nicht so.
Weil ich eine Schizophrenie oder eine Psychose ausschließen wollte, bin ich in eine Klinik gegangen. Seitdem bekomme ich ein Medikament, Olanzapin, gegen Psychose und Schizophrenie. Trotz der Medikamente und der mehrmaligen Einstellung dieser, höre ich die Stimmen dennoch. Zum Teil höre ich sie auch in meinen Gedanken. Täglich habe ich Albträume, in denen diese Geister auftauchen.
Ich habe lange nach Menschen gesucht, die mir bei dem Problem behilflich sind. Bei einer Heilerin war an einem Tag für 5 Minuten alles wunderbar, danach trat keine Besserung mehr ein und ich konnte eine weitere Behandlung nicht mehr finanzieren. Kristalle, Gebete, Frequenzen oder das direkte Ansprechen und Wegschicken haben nicht funktioniert.
Diese Besetzung schränkt mich in meinem Leben und in meiner Spiritualität maximal ein. Ich selber bin auch hellsichtig, hellhörig usw. Vielleicht könnten Sie mir helfen und einen Kontakt zu Geistheilern vermitteln.
Ich bedanke mich im Voraus für Ihre Hilfe.

Mit freundlichen Grüßen
Claudia B.

Anm.: Auch eine Medizinerin. Mit einigen Büchern konnte ich ihr weiterhelfen.

Hallo Herr Prof. Manfred Krames,
völlig verzweifelt und doch voller Hoffnung habe ich soeben Ihren Bericht im Internet gelesen! Auf der Suche nach Lösungen wohlwissend, dass es keine Zufälle gibt, bin ich auf Ihre Seite gelangt. Ich habe bereits unzählige Seiten durchforstet... viel über Besetzungen und erdgebundene Energien gelesen... denn ich bin sicher, dass meine Mutter davon betroffen ist! Sie ist vor etwa 3 Jahren nach einem schweren Schicksalsschlag plötzlich dement geworden! Nachdem in der Uniklinik Münster alles untersucht wurde... Alzheimer ausgeschlossen werden konnte ... auch sonst im Labor bei keiner Untersuchung Auffälligkeiten festgestellt werden konnten... ist meiner Mutter mit einer schweren Demenzerkrankung ohne weitere Erklärung sich selbst überlassen worden! Nun versuchen wir, meine 68-jährige Mutter liebevoll zu begleiten und wissen nicht weiter!
Ich arbeite selber kinesiologisch und mit alternativen, energetischen Heilmethoden... und bin sicher, dass meine Mutter einer Besetzung zum Opfer gefallen ist... Alles, was ich bisher darüber gelesen habe spricht dafür und es wird täglich schlimmer! Manchmal habe ich das Gefühl, die Besetzung sehen zu können... Ich weiß nicht weiter und bete jeden Tag!
Können Sie uns helfen? Voller Hoffnung schreibt Ihnen eine verzweifelte Tochter und Mutter von 4 Kindern... Vielleicht gibt es ja in Deutschland jemanden, der ein Wunder vollbringen kann?

LG Sandra W.

Und ja, auch die hier Erwähnte war besetzt. Einbildung? Vielleicht. Dann aber frage ich mich, warum es der Mutter besser ging, nachdem Herr Klos sie von ihrer Besetzung befreit hatte. Die Tochter hatte ihr NICHTS davon erzählt. Ob mich das glücklich macht? Ob ich nun stolz auf mich bin? Nein, es macht mich traurig und ohnmächtig, so viele Genesungen zu beobachten, und doch unfähig zu sein, die Massen aufzurütteln, kein Umdenken unter Psychologen und Ärzten bewirken zu können. Meine Gabe, Geistwesen spüren zu können, ist daher Segen und Fluch zugleich, aber ich freue mich für die vielen Individuen, die dank der Besetzungen ihr Bewusstwerden anheben konnten und einen neuen Blick für die wirklich wichtigen Dinge im Leben fanden.

Hinweis:

Die vom Autor angebotenen Gesundheitsberatungen gehen über das Spüren eventueller Besetzungen hinaus und beinhalten eine individuelle, ganzheitliche Analyse bei psychosomatischen Störungen, Lebenskrisen und Schlafproblemen. Das Erkennen der Ursache ist meist die halbe Lösung, und dafür nimmt er sich viel Zeit.

Prof. h. c. Krames gibt bei Stress, innerer Unruhe und Energiemangel auch Ernährungsempfehlungen sowie Hinweise zu Selbstanwendungen bzw. Eigentherapien zu Hause. Alle Anfragen werden vertraulich behandelt.

Vata.Syndrom@gmail.com

Über den Autor

- Zwei Jahre Studium buddhistischer und orientalischer Philosophie in Japan
- Ausbildung zum Shiatsu-Therapeut (TCM) an einer Tokioter Privatschule
- Beitritt zur Japan Research Society for Ayurveda, unter Prof. Dr. Ben Hatai
- Unterricht in Ayurveda von Dr. U. K. Krishna (Gujarat Ayurved University)
- Leiter einer Ayurveda-Klinik in Japan, später einer Kuranlage auf Sri Lanka
- Gründung einer Akademie für alternative Heilverfahren in Karlsruhe und
- gleichzeitig Leiter des Ayurveda-Centers Baden-Baden, größtes in Süddeutschland
- Lehrtätigkeit in Indien, Sri Lanka, Japan, Kanada, Lettland u. a. Universitäten
- Einladung des thailändischen Botschafters, Ayurveda in Thailand zu verbreiten
- Auszeichnung als Professor h. c. durch die Open University of Colombo
- 3 Jahre Lehrtätigkeit (Psychosomatik) in Tokio auf Einladung von Dr. Furuya

Weitere Werke des Autors

- »Beethovens Neunte und der Schrei nach Liebe«, Artha Verlag
- »Harmonisch ausgeglichen durch Ayurveda«, URANIA Verlag (Bestseller)
- »Die Wahrheit über Ayurveda«, Eigenpublikation
- »Das ist Ayurveda, Lehrbuch, Artha Verlag
- »Photo Meditation« (Bildband mit buddhistischen Weisheiten), Interspa Publications,
- »Ayurveda – path to eternal bliss«, Gazelle Books, Great Britain
- »Ayurveda Pocket Guide«, Gazelle Books, GB
- »Buddhas geheime Botschaft«, kritisches Buch über den Buddhismus, Artha Verlag
- »Das ist Ayurveda« – Lehrfilm von 1 Std. über den med. Aspekt (DVD), Artha Verlag
- 3 Bücher über Psychosomatik auf Japanisch sowie »Das Vata-Syndrom«, ML-Verlag
- Weitere Titel, darunter ein Buch über die Zunahme allergischer, koronarer und psychosomatischer Krankheiten, sind auf Thailändisch und Japanisch erschienen.

Zur Zeit Leiter der „Praxis für seelische Gesundheit“ Trier sowie Ausbilder für Heilpraktikerverbände.

Wer den Autor kontaktieren möchte für eine individuelle Beratung, kann eine vertrauliche Anfrage senden an:

Vata.Syndrom@gmail.com

Literatur- und Quellennachweis

(1) Wer sich das buddhistische Mantra (Sutra) gegen störende Besetzungen anhören will, hier der QR code:

Internet: https://youtu.be/a4vmA9noFXo

(2) Erzengel Michael: www.youtube.com/watch?v=qpf_jRauGjQ www.stift-heiligenkreuz.org/gebet-zum-heiligen-erzengel-michael-05-10-2018/

(3) www.vfp.de/magazine/freie-psychotherapie/alle-ausgaben/heft-01-2014/der-unsichtbare-stoerenfried-wie-verstorbene-unsere-seelische-gesundheit-beeinflussen

Bildquellen

(1) Privatarchiv Manfred Krames
(2) Privatarchiv Manfred Krames
(3) Privatarchiv Manfred Krames
(4) Holzdruck des japanischen Künstlers Hokusai
(5) https://de.wikipedia.org/wiki/Gro%C3%9Fes_Kant%C5%8D-Erdbeben_1923
(6) Masami Sato
(7) Masami Sato
(8) Privatarchiv Manfred Krames
(9) Privatarchiv Manfred Krames
(10) Privatarchiv Manfred Krames
(11) Privatarchiv Manfred Krames
(12) https://de.wikipedia.org/wiki/Mutter_Meera
(13) Privatarchiv Manfred Krames
(14) Privatarchiv Manfred Krames
(15) Privatarchiv Manfred Krames
(16) Privatarchiv Manfred Krames
(17) Privatarchiv Manfred Krames
(18) Privatarchiv Manfred Krames
(19) Privatarchiv Manfred Krames
(20) Privatarchiv Manfred Krames
(21) Privatarchiv Manfred Krames
(22) www.insancaakademi.com/beethoven-ve-ay-isigi-sonati/
(23) Privatarchiv Manfred Krames
(24) Privatarchiv Manfred Krames
(25) Privatarchiv Manfred Krames
(26) Privatarchiv Manfred Krames
(27) https://fr.wikipedia.org/wiki/Incendie_de_Notre-Dame_de_Paris
(28) www.paradies-auf-erden.de/pdf/30%20Jahre%20unter%20den%20Toten.pdf
(29) https://de.m.wikipedia.org/wiki/Datei:Wien_Wappen_Heiligenstadt.png

WENN DAS DIE PATIENTEN WÜSSTEN

Vera Wagner Jan van Helsing

Geld oder Gesundheit? Mensch oder Fallpauschale? Worum geht es in unserem Gesundheits-System? Warum sterben immer noch unendlich viele Menschen elend an Krebs, der Krankheit, deren konventionelle Behandlung horrende Summen verschlingt? Weil die wahren Ursachen das medizinische Establishment nur selten interessieren. Weil es bei der konventionellen Krebstherapie nicht um Heilung, sondern ums Geld geht, das ist die perfide Regel, nach der dieses System funktioniert. Bestimmte Dinge laufen nach dem immer gleichen Prinzip ab: Jemand entdeckt eine Krankheitsursache oder entwickelt eine vielversprechende Heilmethode, das Wissenschafts-Establishment will nichts davon wissen. Den Patienten bleibt nichts anderes übrig, als sich selbst auf die Suche zu machen nach wahren Ursachen und wahren Heilern. Sie finden sie oft in einer Welt jenseits des medizinischen Mainstreams, einer Welt, in der von Schulmedizinern aufgegebene Patienten die Chance auf ein zweites Leben bekommen.

ISBN 978-3-938656-75-4 • 25,00 Euro

KREBS UND ANDERE SCHWERE KRANKHEITEN...

Chris Patron

Mit den Informationen in diesem Buch halten Sie den Schlüssel für eine dauerhafte Gesundheit in Ihren Händen! Sie werden verstehen, warum Sie erkrankt sind und wie Sie ein für alle Mal wieder vollständig gesunden und gesund bleiben, gleich wie schwer Sie auch erkrankt sein mögen. Sie werden verstehen lernen, was die wirklichen Ursachen für Krankheit sind, und dass Krankheit nicht gottgegeben ist, sondern einzig und allein durch Sie, durch Ihr Verhalten oder Ihre Lebensumstände entsteht, begünstigt oder verursacht wird, mit der Ausnahme angeborener Schäden. Sie müssen verinnerlichen und akzeptieren, dass SIE allein die Ursache Ihres körperlichen Zustandes sind, niemand sonst!

Doch so brutal und direkt diese Feststellung auch sein mag, so POSITIV ist sie im Umkehrschluss, denn was nicht gottgegeben ist (Gott kennt keine Krankheiten), sondern allein durch Sie verursacht ist, können auch SIE wieder korrigieren!!! Am Ende dieses Buches werden Sie erleichtert aufatmen, und ein befreiendes Glücksgefühl wird sich einstellen, denn aus der Hoffnung wird Gewissheit geworden sein, Sie haben wieder eine Zukunft. Jede auch noch so schwere Krankheit ist heilbar!

ISBN 978-398562-000-5 • 44,00 Euro

ISS ODER STIRB

Vera Wagner

Von der Wiege bis zum Pflegebett, von der Babymilch bis zum Menü im Heim: Big Food konditioniert unseren Geschmack. Macht uns krank mit Zucker, Salz und Fett. Vergiftet uns mit toxischen Zusätzen und in High-Tech-Laboren zusammengebrauten Aromen. Und bringt damit viele Menschen ins Grab. Die Nahrung ist für die meisten Todesopfer weltweit verantwortlich, sagt die WHO – und kollaboriert hinter den Kulissen mit den Food-Konzernen. Diejenigen, die Ernährung kontrollieren müssten, haben die Kontrolle abgegeben. Früher wäre es strafbar gewesen, Erdbeergeschmack aus Sägespänen herzustellen. Heute ist es legal.
Die Zeit des Umbruchs ist gekommen, auch beim Thema Ernährung. Ernährungswissenschaftler fordern: Der Grad der industriellen Verarbeitung sollte auf Produkten angegeben werden. Doch wie lange wird es dauern, bis das umgesetzt ist? Sie haben nur eine Chance: Sie müssen die Sache selbst in die Hand nehmen!

ISBN 978-3-938656-57-3 • 24,00 Euro

HANDBUCH FÜR GÖTTER

Jan van Helsing

Egal, was die Illuminaten vorhaben, was ist DEIN Plan?

In diesem Buch spricht Jan van Helsing, der bereits im August 2019 über den Corona-Plan informiert war, mit Johannes, einem Hellsichtigen, der sozusagen einen guten „Draht nach oben" hat. Beide gehen der Frage nach, wieso die Mächtigen dieser Welt – die Illuminaten –, die hinter all diesen Szenarien stecken, eine solche Angst haben, dass ihre Machenschaften auffliegen, dass sie deswegen Videos, Bücher sowie Menschen auf dem gesamten Globus zensieren. Wovor haben sie Angst? Die Illuminaten kennen ein Geheimnis, das sie ganz schnell ihrer eigenen Macht berau-ben würde – hätten die Menschen Kenntnis davon. Es ist etwas, das in jedem von uns verbor-gen ist, weshalb man uns durch eine gigantische Ablenkungsindustrie davon abhält, uns auf die Suche nach diesem Geheimnis zu machen. Das „Handbuch für Götter" zeigt Möglichkeiten auf, wie jeder Einzelne diese Kraft entdecken und im täglichen Leben zum Einsatz bringen kann.

ISBN 978-3-938656-64-8 • 21,00 Euro

HÄNDE WEG VON DIESEM BUCH!

Schon 200.000 m verkauft in Deutschlar

Jan van Helsing

Sie werden sich sicherlich fragen, wieso Sie dieses Buch nicht in die Hand nehmen sollen. Handelt es sich hierbei nur um eine clevere Werbestrategie? Nein, der Rat: **„Hände weg von diesem Buch!"** ist ernst gemeint. Denn nach diesem Buch wird es nicht leicht für Sie sein, so weiterzuleben wie bisher. Heute könnten Sie möglicherweise noch denken: *„Das hatte mir ja keiner gesagt, woher hätte ich denn das auch wissen sollen?"* Heute können Sie vielleicht auch noch meinen, dass Sie als Einzelperson sowieso nichts zu melden haben und nichts verändern können. Nach diesem Buch ist es mit dieser Sichtweise jedoch vorbei! Sollten Sie ein Mensch sein, den Geheimnisse nicht interessieren, der nie den Wunsch nach innerem und äußerem Reichtum verspürt hat, der sich um Erfolg und Gesundheit keine Gedanken macht, dann ist es besser, wenn Sie den gut gemeinten Rat befolgen und Ihre Finger von diesem Buch lassen.

ISBN 978-3-9807106-8-8 • 21,00 Euro

DIE KINDER DES NEUEN JAHRTAUSENDS

Jan van Helsing

Mediale Kinder verändern die Welt!

Der dreizehnjährige Lorenz sieht seinen verstorbenen Großvater, spricht mit ihm und gibt dessen Hinweise aus dem Jenseits an andere weiter. Kevin kommt ins Bett der Eltern gekrochen und erzählt, dass *„der große Engel wieder am Bett stand"*. Peter ist neun und kann nicht nur die Aura um Lebewesen sehen, sondern auch die Gedanken anderer Menschen lesen. Vladimir liest aus verschlossenen Büchern, und sein Bruder Sergej verbiegt Löffel durch Gedankenkraft.

Ausnahmen, meinen Sie, ein Kind unter tausend, das solche Begabungen hat? Nein, keinesfalls! Wie der Autor in diesem, durch viele Fallbeispiele belebten Buch aufzeigt, schlummern in allen Kindern solche und viele andere Talente, die jedoch überwiegend durch falsche Religions- und Erziehungssysteme, aber auch durch Unachtsamkeit oder fehlende Kenntnis der Eltern übersehen oder gar verdrängt werden. Und das Spannendste an dieser Tatsache ist, dass nicht nur die Anzahl der medial geborenen Kinder enorm steigt, sondern sich auch ihre Fähigkeiten verstärken. Was hat es damit auf sich?

Lauschen wir den spannenden und faszinierenden Berichten über mediale Kinder aus aller Welt.

ISBN 978-3-9807106-4-0 • 23,30 Euro

WISSEN IST MACHT

Dr. Dinero Jan van Helsing

Wenn Dir Dein Leben nicht passt, dann glaub doch was anderes! *„Das würde ich ja gerne, aber ich kann es einfach nicht."*, sagen viele. In diesem Buch erfahren Sie, wie Sie Ihren Glauben und Ihr Sein machtvoll verändern können. Zu wissen, wie man das macht, ist Macht. Das wissen auch die Mächtigen in Politik und Wirtschaft sowie in den Massenmedien, z.B. in Hollywood. Wer die Mechanismen kennt, kann sie anwenden – manipulativ oder befreiend. Man kann ganze Völker für einen Krieg begeistern, Menschen weltweit dazu bringen, sich „impfen" zu lassen oder auf Grundbedürfnisse des täglichen Lebens zu verzichten. Ja, man kann sogar einem Jungen einreden, dass er ein Mädchen ist... Das ist wahre Macht! Dr. Dinero zeigt in diesem Buch, welches diese Mechanismen sind und erklärt, wie Sie selbst diese konstruktiv anwenden können – sei es in beruflichen Situationen, bei Partnerschaftsproblemen oder auch bei Geldangelegenheiten.

ISBN 978-398562-888-9 • 25,00 Euro

GIFTDEPONIE MENSCH

Katja Kutza

„Sie sind austherapiert. Wir können keine körperlichen Erkrankungen bei Ihnen feststellen und vermuten eine psychische Störung." Das waren die Worte, mit denen Katja Kutza aus den meisten schulmedizinischen Praxen entlassen wurde. Am Ende eines langen Leidensweges stand die Autorin mit einem nicht mehr funktionieren wollenden Körper und allein gelassen von Ärzten vor den Trümmern ihres einst glücklichen Lebens. Völlig verzweifelt an diesem Punkt angekommen, nahm ihr Leben endlich eine glückliche Wendung. Durch innige Gebete gab es für Katja Kutza plötzlich außergewöhnliche Fügungen des Schicksals – meist in Form von alternativen und spirituellen Heilmethoden. Nicht nur ihre Grunderkrankung – eine Amalgamvergiftung – wurde aufgedeckt, auch spirituelle, geistige und energetische Heilsysteme ebneten ihr den Heilungsweg.

ISBN 978-3-938656-47-1 • 21,00 Euro